历史穿越报
鞠躬尽瘁 诸葛亮

彭凡 编著

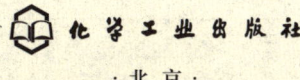
·北京·

图书在版编目（CIP）数据

鞠躬尽瘁诸葛亮 / 彭凡编著 . -- 北京：化学工业出版社，2025. 1. --（历史穿越报）. --ISBN 978-7-122-46815-4

Ⅰ. K827=362

中国国家版本馆 CIP 数据核字第 2024TM5705 号

JUGONG JINCUI ZHUGE LIANG

鞠躬尽瘁诸葛亮

责任编辑：隋权玲　　　　　　　　　装帧设计：孙　沁
责任校对：张茜越

出版发行：化学工业出版社（北京市东城区青年湖南街 13 号　邮政编码 100011）
印　　装：天津市豪迈印务有限公司
710mm×1000mm　1/16　印张 9½　字数 90 千字　2025 年 6 月北京第 1 版第 1 次印刷

购书咨询：010-64518888　　　　　　　售后服务：010-64518899
网　　址：http://www.cip.com.cn
凡购买本书，如有缺损质量问题，本社销售中心负责调换。

定　　价：39.80 元　　　　　　　　　　　　　版权所有　违者必究

在中国历史上,有这样一群人:他们居于一人之下,万人之上,或高居庙堂,指点江山;或驰骋沙场,大杀四方。

他们是君王治国最得力的助手,是百姓安居最可靠的倚仗。

他们的一举一动,都关系到天下治乱,国家兴亡。

他们是武官的表率,是文官的典范。

他们的无限风光和荣耀,不能不令人产生无尽的好奇和向往。究竟是怎样的人生经历,才成就了那样夺目的辉煌?

他们的风光背后,是否还有不为人所知的辛酸和坎坷?

机关权谋背后,是否也有无奈的叹息?

铮铮铁骨之后,是否也有儿女柔情?

为了搞清楚这些问题,我们的穿越报团队再次出发,穿越到历史的各个时空,实时记录这些大人物传奇的一生。

历经九死一生后,我们终于带回了成果,就是这套"历史穿越报"。

这套书分别记录了商鞅、项羽、卫青、曹操、诸葛亮、狄仁杰、苏轼、岳飞、戚继光、曾国藩等名臣的成长历程。

每个分册分为12期内容,每期都有五花八门、精彩纷呈的栏目。

"龙虎风云"和"顺风快讯"是主打栏目，用来记录这些大人物一生中的重大事件，见证他们的大起大落，大喜大悲。

　　"百姓茶馆"是我们搜集到的当时百姓的言论，各种小道消息，八卦趣闻，应有尽有。

　　"快马传书"是来信栏目，古人将他们的烦恼和困扰写到信中，寄到编辑部，由最贴心的编辑穿穿为他们出谋划策，排忧解难。

　　"名人来了"是一个采访栏目，由大嘴记者越越负责。他将直接与大人物对话，挖掘和探索他们的内心世界。

　　除此以外，还有"绝密档案""八卦驿站""广告小铺""嘻哈乐园"等精彩栏目。

　　我们希望读者在看完这套报纸后，不仅能了解这些大人物跌宕起伏的一生，还能学习到他们非凡的智慧和勇气，并以他们为榜样，立志成为和他们一样卓越的人。

第1期　乱世少年

- 2　【顺风快讯】天下一片乱糟糟
- 3　【百姓茶馆】群雄争霸的时代开始了
- 4　【龙虎风云】战争无情，叔父有情
- 5　【快马传书】这个太守能不能当？
- 7　【名人来了】特约嘉宾：诸葛玄
- 9　【广告小铺】官职拍卖大会通知　离家留言　杀父之仇，不共戴天

第2期　不平凡的乡村青年

- 11　【顺风快讯】学业堂，全国最好的学府
- 12　【快马传书】哪里是读书的好地方？
- 13　【龙虎风云】诸葛亮和他的朋友们
- 15　【龙虎风云】名师出高徒，卧龙与凤雏
- 17　【百姓茶馆】莫学孔明挑媳妇
- 18　【名人来了】特约嘉宾：诸葛亮
- 20　【广告小铺】征友启事　招聘教书先生　寻《梁父吟》曲谱

第3期　慧眼识"诸"

22　【顺风快讯】荆州来了个刘皇叔
23　【绝密档案】"刘跑跑"的逃亡史
24　【龙虎风云】得"卧龙""凤雏",得天下?
25　【龙虎风云】三顾茅庐,刘皇叔得到个好帮手
28　【快马传书】大哥为何对他那么好?
29　【百姓茶馆】"三顾茅庐"是假的?
30　【名人来了】特约嘉宾:刘备
32　【广告小铺】军中通告　留言条　重大喜讯
33　【智者为王】第1关

第4期　一个仁义的人

35　【顺风快讯】刘琮向曹操投降了
36　【龙虎风云】刘皇叔携民渡江
38　【快马传书】要不要和刘备联合
39　【龙虎风云】江东来了个"大救星"
40　【百姓茶馆】"刘跑跑"是不是英雄?
41　【名人来了】特约嘉宾:诸葛亮
43　【广告小铺】游民入籍公告　给赵云的感谢信　誓死追随玄德公

第5期　火烧赤壁

45　【顺风快讯】诸葛亮智激"碧眼儿"
46　【龙虎风云】诸葛亮舌战群儒
49　【快马传书】孙权要挖我墙脚
50　【八卦驿站】二十条草船，"借"了十万支箭
51　【百姓茶馆】赤壁大捷，谁是头号大功臣？
52　【龙虎风云】刘备借荆州，有去无回？
53　【名人来了】特约嘉宾：周瑜
55　【广告小铺】天气预报　联盟公告　悼念周瑜

第6期　刘备入川

57　【顺风快讯】刘备当上益州牧
58　【龙虎风云】绕了一大圈，"冤家"终于成"主仆"
61　【龙虎风云】治蜀从宽还是从严？
62　【百姓茶馆】诸葛亮为何纵容法正？
63　【快马传书】团结一切可以团结的力量
64　【名人来了】特约嘉宾：庞统
66　【广告小铺】盐铁收归官营　即将发行新钱币　感谢书
67　【智者为王】第2关

第7期　荆襄剧变

- 69 【顺风快讯】荆州一分为二
- 70 【龙虎风云】刘备成了汉中王
- 71 【百姓茶馆】荆州丢了，关羽死了，谁之过？
- 73 【龙虎风云】刘封见死不救，被赐死
- 75 【快马传书】我没有真的想造反
- 76 【名人来了】特约嘉宾：汉中王刘备
- 78 【广告小铺】老朋友，一路走好　紧急招募令　大力推行火井煮盐新技术

第8期　开国之相

- 80 【顺风快讯】曹丕"篡夺"大汉江山
- 81 【龙虎风云】刘备也当皇帝了
- 82 【龙虎风云】刘备托孤白帝城
- 84 【百姓茶馆】刘备是不是糊涂了？
- 85 【快马传书】诸葛亮为什么不投降？
- 86 【名人来了】特约嘉宾：诸葛亮
- 88 【广告小铺】嘉奖令　诸葛亮推荐的必读书目　讣告

第9期　定蜀神针

- 90 【顺风快讯】南中叛变了
- 91 【龙虎风云】蜀国的头等大事
- 92 【百姓茶馆】厉行节约的诸葛亮
- 93 【快马传书】邓芝到底搞什么鬼？
- 95 【龙虎风云】七擒七纵，孟获终于心服口服
- 97 【名人来了】特约嘉宾：诸葛亮
- 99 【广告小铺】宴请函　神刀大促销　设置堰官
- 100 【智者为王】第3关

第10期　出师北伐

- 102 【顺风快讯】曹丕去世，诸葛亮上奏《出师表》
- 103 【快马传书】钻出一个新对手
- 104 【龙虎风云】马谡大意失街亭
- 106 【龙虎风云】诸葛亮含泪斩马谡
- 108 【八卦驿站】诸葛亮大唱空城计，智退司马懿
- 110 【百姓茶馆】子午谷之争
- 111 【名人来了】特约嘉宾：诸葛亮
- 113 【广告小铺】征弓弩兵　出售《出师表》　告益州百姓书

第11期　再度北伐

115　【顺风快讯】十万人攻不下一个小城
116　【快马传书】不知好歹的诸葛亮
117　【龙虎风云】孙权称帝，吴蜀欲平分曹魏
118　【百姓茶馆】真是一场及时雨啊
119　【龙虎风云】诸葛亮碰上个"缩头乌龟"
122　【名人来了】特约嘉宾：诸葛亮
124　【广告小铺】军人必备的枕边书　"八阵图"学习班开课了
　　　　　　　继续轮休

第12期　出师未捷

126　【顺风快讯】攒点粮食再打仗
128　【龙虎风云】奇闻！诸葛亮竟送司马懿一套女装
130　【龙虎风云】巨星陨落五丈原
131　【快马传书】到底是谁要造反？
132　【龙虎风云】诸葛亮的接班人
133　【百姓茶馆】世间再无诸葛亮
134　【名人来了】特约嘉宾：后主刘禅
136　【广告小铺】寻求同伴　遗书　出售诸葛丞相亲笔名言
137　【智者为王】第4关

138　**智者为王答案**

140　**诸葛亮生平大事年表**

第 1 期
公元181年—公元194年

乱世少年
诸葛亮

穿越必读 CHUANYUE BIDU

东汉末年，宦官专权，外戚当道，朝廷腐败无能，老百姓过不下去，只好揭竿而起。黄巾大起义的爆发，改变了大汉帝国的命运，也改变了许多人的命运，其中就包括——诸葛亮。

顺风快讯
SHUNFENG KUAIXUN

天下一片乱糟糟
——来自洛阳的加急快报

（本报讯）东汉末年，经过宦官和外戚的折腾，大汉朝穷得叮当响，老百姓的日子一天不如一天，只好起兵造反。

中平元年（184年），数十万农民头裹黄巾，在巨（也写作钜）鹿（今河北平乡）等地起兵。他们杀官吏，烧官府，抢粮仓，像龙卷风一般席卷了各地（史称黄巾起义）。朝廷的军队不够用，只好号召各地自己招兵买马对付黄巾军。结果，黄巾军倒是被镇压了，各地却因此有了自己的军队，实力与日俱增。

这时的洛阳却乱成一团糟。先是汉灵帝驾崩，新登基的皇帝年幼，朝中大权落入国舅何进大将军手中。何进为对付宦官，悄悄地召西北军阀董卓率军进京，结果走漏了风声，反倒被宦官给杀了。而他的部下袁绍担心被报复，则一不做二不休，带着士兵杀到宫里，看到宦官就砍，杀得皇宫血流成河。

董卓便趁机率军进入洛阳，废少帝刘辩，杀太后，改立九岁的陈留王刘协（即汉献帝）为帝，之后又杀掉了所有反对以及威胁他的人，就这样控制了整个大汉朝廷。

百姓茶馆
BAIXING CHAGUAN

群雄争霸的时代开始了

天哪，你们知道吗？洛阳城里出现了许多"诛杀董卓，挽救汉室"的檄文！全国各地的诸侯在盟主袁绍的带领下，组成联军前来讨伐董卓了！吓得董卓一把火烧掉洛阳城，逼皇帝和大臣们迁都长安！

王大娘

别提了，本以为联军会乘胜追击，把皇上给救出来。可到了这节骨眼上，他们却不愿意去打董卓了，各路诸侯要么按兵不动，要么在洛阳城内抢掠财物，要么吵着要散伙回家，到最后联军居然解散了！

李铁匠

这个你就不懂了吧？因为他们本来就是想趁机捞点好处，扩充自己的势力。现在好了，皇帝被董卓挟持去了长安，袁绍身为盟主又不管，他们就可以放手去抢夺地盘了。唉，现在天子成了傀儡，各地诸侯一个个野心勃勃，以后呀，大家的日子不好过了啊！

张书生

大家不好过又不是从现在开始的！大汉王朝早就从头烂到脚了！我倒觉得，"乱世出英雄"，一个群雄争霸的时代开始了。大家赶紧收拾收拾，去自己想去的地方生活吧！

流民张六

3

龙虎风云
LONGHU FENGYUN

战争无情，叔父有情

军阀们各据一方，为了争夺地盘，打得你死我活。

初平四年（193年），兖州牧（州牧是地方行政与军事的最高长官）曹操和徐州牧陶谦大打出手。陶谦打不过曹操，躲到了徐州城外。

曹操一怒之下，竟拿无辜的百姓开刀。美丽的徐州，一时间血流成河。百姓们吓得魂飞魄散，纷纷外逃。

徐州有一座叫阳都（今山东省临沂市沂南县）的小城，城里住着一户姓诸葛的人家。原户主叫诸葛珪，是泰山郡（今山东境内）的郡丞（郡守的副职），膝下有三儿两女。

老大诸葛瑾，年少老成，温文尔雅，早年曾被送往京城求学，是个才子。老二诸葛亮，字孔明，聪明伶俐，和汉献帝刘协同年出生。老三诸葛均，年龄尚小，还不足以形容。至于两个女儿叫什么名字，就没人知道了。

孩子们的亲生母亲去世得早，好在继母温柔贤淑，一家人勤俭节约，生活得还算幸福美满。

可惜不久，诸葛珪也离开了人世。孩子们小小年纪就父母双亡，实在可怜。幸运的是，诸葛珪还有一个弟弟，叫诸葛玄。诸葛玄重情重义，之前一直在外地求学为官。哥哥死后，他便回到家乡，义无反顾地担起了照顾这一家的重任。

为了孩子们的安全，诸葛玄决定带领全家离开阳都。可是，眼下到处都不太平，去哪里才好呢？

快马传书

KUAIMA CHUAN SHU

这个太守能不能当？

编辑老师：

您好。前几天，我的朋友袁术给我来了一封信，说豫章郡（今江西省南昌市）的太守死了，让我去接替这个职位。

袁术出身名满天下的袁家，兄弟是大名鼎鼎的盟军首领袁绍。两兄弟一个得了冀州，一个得了扬州，都是雄霸一方的大人物。

我正愁无处可去，就毫不犹豫地答应了。我打算留下瑾儿照顾继母，自己带着两个侄儿、两个侄女过去。

可到临走时，我心里却有点打鼓。按惯例，各地的人事任免是由朝廷决定的，可袁术只是一个扬州牧，他的任命有效力吗？

诸葛玄

诸葛先生：

您好！现在的情况是这样的：朝廷被董卓控制，皇帝不过是董卓的一个傀儡。听朝廷的，就等于听董卓的。可董卓倒行逆施，罪恶滔天，听他的，不就意味着和他是一路货色吗？

所以，为了表明和董卓划清界限，各州各郡的一把手们都心照不宣地达成了一个共识——谁也不听朝廷的。有什么人事任命，就由各州的一把手写个奏章，向着长安远远地拜上一拜，表一表忠心，就算是经皇上"同意"了。既然大家都是这么做的，那袁术这么搞也没什么问题。

只是据我所知，朝廷也任命了一个豫章太守，叫朱皓。为了避免太守之位被人抢了，您还是要提前做好准备啊！

编辑★穿穿
编辑部

诸葛玄等人来到豫章后，朱皓也来了，还搬来了一支救兵。诸葛玄无力抵挡，只好带着孩子们离开了。

名人来了
MINGREN LAI LE

越越（简称越）大嘴记者

诸葛玄（简称玄）特约嘉宾

嘉宾简介：曾为豫章太守，典型的齐鲁好汉，豪放仗义。哥哥去世后，他主动挑起了照顾侄子、侄女的重担。为躲避战乱，他带着侄子、侄女，踏上了未知的征程……

越：诸葛先生，终于找到您了！

玄：小记者，这种乱世你都能找到我，真是太厉害了！

越：世上无难事，只怕有心人！孩子都睡着了？

玄：（怜惜地看了看）是啊，奔波了好几天，孩子们都累坏了。都怪我这个做叔父的无能，没有照顾好他们。

越：先生别这么说，要是没有您，他们还不知落到什么更悲惨的境地呢！齐鲁好汉，果然是有情有义！

玄：不敢当，不敢当，这是我应该做的。

越：那您打算去哪里呢？

玄：袁术那里是不能去了，事情没办好，我也没脸去见他。我打算去投奔我的另一个朋友——荆州牧刘表。

越：去刘表那儿可以呀！刘表出身皇室，为人正直，目前的实力仅次于袁绍，甚至比曹操还要略胜一筹。由于他治理有方，荆州（包括南阳、南郡、江夏、零陵、桂阳、长沙、武陵等地）人民安居乐业，很多外地人都去那里避难呢。

玄：其实我也不想去叨扰他，但荆州相对安定，更有利于侄子、侄女的成长。

7

名人来了
MINGREN LAI LE

越：就是，你们诸葛家也是名门望族，您的朋友一定会欢迎您的！

玄：诸葛家族以前的确是名门望族，还出过诸葛丰这样的大人物。只是后来得罪了权贵，就没落了。

越：不管怎么说，您和您哥大小是个官，比普通老百姓强多了。

玄：严格来说，我哥那种并不算"官"，只能算是"吏"。

越：这两者有什么区别呢？

玄：区别很大。"官"是由朝廷正式任命的，由朝廷决定升迁。"吏"是由官府聘任来协助长官办事的，由长官决定去留。

越：那您哥能做到郡丞，说明他有一定的才干。

玄：有才干有什么用？现如今重视门第和出身，没有背景，一辈子就只能当个小吏。

越：您在洛阳当过官吧？做的是什么官呢？

玄：（摇手）区区小官，不值一提，不值一提。

越：先生别太谦虚了。能与袁术、刘表交上朋友的，会是泛泛之辈吗？

玄：哈哈！这只能说明洛阳人才多。

越：现在洛阳也乱得不像样子了。

玄：唉，岂止洛阳，现在全国都是乱糟糟的！这一路走来，我们看到的，到处都是死人！亮儿他们小小年纪，就见到了这些，真不知以后心中会留下什么样的阴影。

越：唉……

（两人陷入沉默）

玄：不说了，天马上亮了，我们得赶紧赶路了！

越：嗯，祝你们一路平安！

　　诸葛玄一行到达荆州后，在刘表的帮助下，在襄阳（今湖北襄阳）安了家。

广告小铺

官职拍卖大会通知

你想当官吗？

你想当大官吗？

为帮助一些有上进心的朋友过过当官、当大官的瘾，最近朝廷将对一批新的官职进行拍卖：

中央官职：铜钱三千万起，最高一亿；

州级官职：铜钱一千万起，最高三千万；

郡级官职：铜钱八百万起，最高一千万；

县级官职：铜钱四百万左右。

以上为最低价格，需要者可往上加价，价高者得。欢迎大家前来咨询。

西园皇家拍卖集团

 离家留言

尊敬的叔父，亲爱的弟妹们：

现在徐州的情况一天比一天糟糕。听说江东那边还算安定，我决定带继母去那边先躲躲。只是不知这一去，什么时候才能回来。如果叔父和弟妹们先我一步回到家乡，请不要找我。如果我还能侥幸活着，请你们放心，我一定会回来看你们的。

诸葛瑾

杀父之仇，不共戴天

徐州牧陶谦以护送我父去兖州为由，纵容手下，夺了我父一百多车财产，害了我曹家一家老小几十口的性命。这个仇，我曹操不报，誓不为人！

曹操

第 2 期
公元195年—公元200年

不平凡的乡村青年

诸葛亮

穿越必读 CHUANYUE BIDU

叔父去世后，十七岁的诸葛亮带着弟弟在隆中开始了他的耕读生活。在这里，他一边种田，一边向书本学习，向朋友学习，向老师学习，向社会学习，慢慢地成长为一名有志向、有见识、有才干的青年才俊。

顺风快讯

学业堂，全国最好的学府
——来自襄阳的快讯

（本报讯）历尽千辛万苦，诸葛玄一行终于到达荆州。

对于老朋友的到来，荆州牧刘表表示了热烈欢迎，并帮他们在襄阳安了家。

襄阳城南有一所官办学堂，叫学业堂，规模宏大，是刘表兴建的。刘表出身太学，非常注重教育。随着洛阳的没落，太学也一蹶不振。刘表看在眼里，痛在心上，便仿照太学建立了这所学业堂。

建成之后，刘表又聘请了一批名士担任"文学"（即老师），甚至还亲自组织编订教材，给荆州子弟讲课。

在他的带动下，全国各地的饱学之士纷纷涌向荆州。一时间，襄阳人才荟萃，成了全国人民心驰神往的文化学术中心。

十五岁的诸葛亮和他的弟弟就在这里开始了新的学习生活，并很快成为诸多学生中的佼佼者……

快马传书
KUAIMA CHUAN SHU

哪里是读书的好地方？

编辑老师：

　　您好！我是诸葛亮。前不久，我的叔父因病去世了。这对于我们姐弟来说，无疑是个沉重的打击。幸好叔父在临终前，已经将两位姐姐嫁给了当地的名门望族，免去了我的后顾之忧。

　　现在，摆在我面前有两条路：一是找两个姐夫帮忙找点事做；二是继续接受刘表的照顾。

　　只是，我今年已经十七岁了，大小也算个男子汉了。我也不想长期依靠他人过日子，所以，我想带弟弟靠自己的努力去生活。

　　请问，您知道哪个地方适合一边种地一边读书吗？

　　　　　　　　　　　　　　　　　　　　　　　诸葛亮

小亮同学：

　　你好。你的决定实在让我惊讶，因为那两条路，无论你走哪一条，都可以保证你衣食无忧。而你居然选择了第三条路，实在让人佩服！

　　如果你想找一个适合耕读的地方，南阳郡的隆中就很不错。

　　那里山清水秀，人烟较少，是个极其幽静的地方。尤其是卧龙岗，远远望去，它就像一条跃跃欲飞的龙。

　　更难得的是，那里离襄阳不远，消息灵通，无论是外出游学，还是寻师访友，都非常方便。

　　相信你在那里会过得相当愉快！

　　　　　　　　　　　　　　　　　　　　　编辑　穿穿

　　公元197年，十七岁的诸葛亮带着弟弟在卧龙岗上搭了个草庐，开始了崭新而独立的乡村生活。

龙虎风云

LONGHU FENGYUN

宁买隆中一张床,不要荆州一间房。

诸葛亮和他的朋友们

诸葛亮在乡村一边种地,一边读书。读什么书呢?诗书、史书、兵书、天文书、地理书……他都读得津津有味。不过,别人都是咬文嚼字、死记硬背,他却是一目十行,一本书只看个大概就能掌握精髓。

读书之余,他还常常出去寻师问友,和朋友们一起游学。

有一天,诸葛亮对他的四个朋友说:"如果你们去做官,当个刺史或郡守什么的,应该没问题。"

朋友们问:"那你呢?"

诸葛亮微微一笑,没有回答。

其实,朋友们不问也知道,因为他常常将自己比作是管仲、乐毅那样的人。

管仲是春秋时齐国的名相,曾辅佐齐桓公成为春秋五霸之一。乐毅是战国时燕国的名将,曾带领五国联军,差点把齐国灭掉。

一个名不见经传的小子,居然将自己和千古流芳的名相名将相提并论,这不是自大狂吗?

但奇怪的是,他的这些朋友却没有一个人反驳。难道,这个乡野村夫真的有安邦定国的非凡才能吗?

龙虎风云
LONGHU FENGYUN

名师出高徒，卧龙与凤雏

要说诸葛亮最尊敬的人是谁，那就是他二姐的公公庞德公。

庞德公人称"庞公"，朋友多，学问大，却一直住在襄阳城外。刘表几次派人请他出山，都被他无情地拒绝了。

诸葛亮每次去庞家，都要先去拜见庞公。庞公也没有把他当外人，还推荐他去自己的好朋友司马徽那里读书、学习。

司马徽才高八斗，收了很多学生。这人有个特点，那就是无论别人说什么，他开口闭口都是两个字："好，好"，因此，人们称他为"好好先生"（成语"好好先生"由此而来）。

只有庞公知道，司马徽看似糊涂，其实比谁都明白，因此给他送了一个雅号"水镜"，意思是他像水一样清澈，像镜子一样明亮。

在两位名师的指导下，诸葛亮进一步开阔了眼界。

与诸葛亮一同去司马徽那里学习的，还有庞公的侄子庞统。庞统比诸葛亮大两岁，长得其貌不扬。

据说庞统和司马徽第一次

龙虎风云
LONGHU FENGYUN

见面时，司马徽正在树上采桑叶。

庞统就说："大丈夫怎么不去追求财富地位，而去做一些妇女做的事呢？"

司马徽却一反常态叽里呱啦说了一大堆道理，然后答道："难道有地位有财富，就会得到别人的尊敬了吗？"

庞统说："大道理我不懂，我只知道，这钟鼓如果不敲一下，谁也不知道它声音有多响。"

司马徽一听，嗨，这个小伙子不简单。于是，两个人一个坐在树上，一个站在树下，居然一口气谈到太阳下山。

随着对诸葛亮和庞统的了解，庞公发现这两个年轻人不但才气非凡，而且胸怀大志。因此，庞公称庞统为"凤雏"，意思是初生的小凤凰，以后将大有作为；他称诸葛亮为"卧龙"，意思是趴在地上的一条龙，看起来不起眼，一旦起飞，就会飞入云霄。

哇，这可不得了！要知道，当时一个人如果能得到一个名人的点评，那就好比在身上镀了一层金，前途一片光明啊！

没过多久，诸葛亮就声名鹊起，红遍了整个襄阳。

百姓茶馆
BAIXING CHAGUAN

莫学孔明挑媳妇

嗨，这隆中第一大帅哥，我给他介绍了不知多少千金大小姐，他都没看上。现在倒好，挑来挑去，挑上了黄承彦家的黄阿丑，惊得我眼珠子都要掉出来了！唉，年轻人，你们挑媳妇可不要学他这么挑啊！

豆腐店王媒婆

说人家丑，你见到了吗？说不定这是黄老爷自谦的说法。大户人家的女儿能丑到哪儿去？真要是"黑皮肤，黄头发"，孔明会娶吗？

鞋铺张大爷

她爹都说丑，那肯定是丑了！为什么会娶？你们知道黄小姐是什么身份、什么背景吗？她外公家是荆州八大家族之首的蔡家，她姨妈是刘表的新夫人。娶了这黄小姐，诸葛亮这穷麻雀，不就飞上枝头变凤凰了吗？哼，什么"卧龙"，我看就是个势利小人！

郑家大小姐

这黄老爷也是少根筋，他女儿再丑，凭他们的家世，嫁个好人家也不成问题。他却自己跑去给女儿说亲，连体统也不要了，找个媒人去说亲，不更体面吗？

李家二小姐

你们这是"吃不到葡萄说葡萄酸"！孔明大小是个名人，就算没有黄家，前途也是一片光明！常言道："娶妻娶德"，那黄小姐就算真的丑又有什么关系？人家的品德和才华完全配得上孔明。你们啊，有时间嚼舌根，还不如多看看书，将来找个像孔明这样的如意郎君！

隆中一书生

17

名人来了
MINGREN LAI LE

越越（简称越）大嘴记者

诸葛亮（简称亮）特约嘉宾

嘉宾简介：在遥远的小山村，有这样一个青年：他明明可以攀高枝，却选择自食其力；明明有才又有貌，却选择了个丑媳妇；明明身居陋室，却又心忧天下……他，就是隆中才子，人称"卧龙"的诸葛孔明！

越：（好奇）小亮哥，你在做什么？

亮：（抱着膝盖，发出一声长啸）我在练功啊！身体是干事业的本钱，小记者有兴趣吗？

越：（急忙摆手）我一喊跟狼嚎似的，还是不要了。（环顾四周）你的朋友呢？怎么一个都没来？

亮：除了徐庶，他们大都离开荆州回家乡发展了。

越：嗯，不错，回去为家乡添砖加瓦。

亮：嘁，好男儿志在四方，何必非要在家乡呢？

越：那你的志向是什么？

亮：我的志向是兴复汉室，统一天下！

越：噢，有个人的志向跟你的不谋而合啊！

亮：谁？

越：曹操啊！若不是他仗义相助，把天子接到许都（今河南许昌），天子现在还在洛阳，过得跟个叫花子似的呢！

亮：我要是天子，宁可在洛阳当乞丐，也不要在曹操身边当傀儡！

越：可现在很多人都说，将来能

18

名人来了

安定天下的，必定是他！你要是能得到他的青睐，前途无量啊！

亮：你忘了徐州是怎么被他屠城的了吗？我孔明宁可死了，也决不与他为伍！

越：他那也许是一时冲动……

亮：只是一时冲动，就让无辜的百姓付出了血的代价！人在做，天在看！我相信，将来一定有人可以与他一较高下！

越：你是指袁绍吗？

亮：（摇头）袁绍在官渡一战败给曹操后，恐怕再也爬不起来了。

越：那是指"江东小霸王"孙策？

亮：你不知道吗？孙策已经死了，现在控制江东的是他弟弟孙权。那小子比我还小一岁，能守好他哥哥的基业就不错了。

越：那还会有谁？（抓耳挠腮中）难道是远在天边、近在眼前——尊夫人的姨父刘荆州（刘表的别号）？

亮：刘荆州年轻的时候还有点战斗力，现在嘛，空有十万兵力，却只知道死守荆州，不思进取！这样的人，哪里是曹操的对手！

越：这么说，你看不上刘表？

亮：唉，人家不也看不上我吗？襄阳那么多优秀人才，你说他都看上谁了？就连水镜先生也被他称为"小书生"呢！

越：好像确实是这样。

亮：所以，我怎么能把自己的前途和命运交给这样一个人呢！

越：那放眼天下，恐怕难以找到适合先生的明主了。

亮：不急，不急。我掐指一算，适合我的明主应该马上要来荆州了。

越：（佯装好奇）谁啊？

亮：哈哈，天机不可泄露！（说完，摇着鹅毛扇潇洒离去）

广告小铺

征友启事

本人，男，品行良好，无不良嗜好。为结交同道中人，现公开征友，条件如下：

一、爱权的人不交；

二、爱钱的人不交。

因为，以权和钱为基础的友情并不牢固。真正的朋友，应该像松柏一样，历经四季的变化，却四季常青。

若您愿意与我同艰苦、共患难，一起读书，一起成长，请到隆中卧龙岗来一叙！

卧龙先生

招聘教书先生

为发展我州的教育事业，现招聘一批教书先生，要求学富五车，德行高尚，热爱教书育人。

户籍不限，年龄不限，待遇从优。

凡被我州聘用者，均能得到我州的保护。特别优秀者将发放一笔丰厚的安家费，使其免除后顾之忧。

欢迎各地的知名学士和学者前来应聘。

刘表

寻《梁父吟》曲谱

听说卧龙先生平日最爱唱《梁父吟》（又作《梁甫吟》），不知哪里有曲谱出售。本人愿高价采购，谢谢！

一个卧龙先生的粉丝

第 3 期

公元201年—公元207年

慧眼识"诸"

诸葛亮卷

穿越必读 CHUANYUE BIDU

一个是颠沛流离、才华无处施展的穷酸才子，另一个是半生坎坷、壮志未酬的落魄将军。在一次秘密而深入的交谈后，两人一拍即合，组成一对黄金搭档，共同开启了波澜壮阔的人生旅程。

顺风快讯

荆州来了个刘皇叔
——来自荆州的加急快报

（本报讯）建安六年（201年）九月，荆州城外来了一支军队。

领头的叫刘备，长了一对大耳朵，两手长到膝盖。据说，他是中山靖王的后代。也就是说，论辈分，汉献帝还得喊他一声"叔叔"。所以，大家都管他叫"刘皇叔"。

而跟在刘皇叔身边的两位，是他的结义兄弟。一个叫关羽，长着一把漂亮的长胡子，脸蛋红得像喝了酒似的；另一个叫张飞，长得粗眉大眼的，说起话来声音跟打雷一样。

据说这位刘皇叔胸怀博大，为人很讲义气，是个一等一的好人，就连刺客也不忍心伤害他。而他的两个结义兄弟，不仅武功高强，对他更是忠心耿耿。

对于刘皇叔的到来，刘表表示热烈欢迎，不仅亲自出城迎接，还给了他一些人马，让他驻扎在新野。

那么，这位尊贵的刘皇叔为什么突然来新野了呢？

来自荆州的加急快报！

绝密档案

JUEMI DANG'AN

"刘跑跑"的逃亡史

刘备真的是皇帝家的亲戚吗？嘻，那都是几百年前的老皇历了。事实上，刘备家里穷得叮当响，父亲过世早，只有老母亲与他相依为命，靠卖草鞋、草席过日子。

黄巾起义爆发后，刘备与关羽、张飞二人一起去投军。兄弟仨没有后台，今儿跑去投靠这个，明儿跑去投靠那个，忙活多年，连块像样的地盘都没有。

曹操发迹后，他们又跑去投靠曹操。曹操觉得他们很有本事，想收为己用，就把他们带回了许都。

许都的皇帝被曹操挟持多年，日子很不好过，见刘皇叔手上有兵，就偷偷地传了个密诏，让他帮忙干掉曹操。

刘备接到密令后，不敢轻举妄动，整天待在菜园里种菜，等待时机。可就在这时，曹操却请他去品青梅，喝美酒。

两人一边喝酒，一边讨论天下谁是英雄。最后，曹操话中有话地对刘备说："当今天下，能称得上英雄的只有你和我了！"

难道曹操看出了什么吗？刘备一下吓破了胆。不久，他就以出兵之名，带着两个义弟逃离曹操，投奔袁绍去了。

结果大家都知道了，官渡一战，袁绍被曹操打得一败涂地。

刘备保住了命，却成了曹操的下一个攻打对象。走投无路之下，他只好灰头土脸地南下，跑来找自己的本家刘表了。

龙虎风云
LONGHU FENGYUN

得"卧龙""凤雏",得天下?

光阴似箭,不知不觉刘备已在新野待了六年。这期间,曹操消灭了袁绍的残余势力,基本平定了北方。眼看曹操下一步可能要攻打荆州了,自己却连新野都出不去,刘备心里十分着急。

他先是拜访了水镜先生司马徽,希望他帮忙指点一下。司马徽向他推荐了诸葛亮和庞统,说:"'凤雏'与'卧龙'这两个人,你要得了一个,就可得到天下喽。"

真有这么厉害吗?刘备听了,半信半疑。

过了不久,刘备军中来了一个人,很有才干。刘备想把他留下来当军师。

这人却说:"我有个老朋友,人称'卧龙',他的才华远在我之上。谁要是得到他,就一定能够平定天下。"

原来,这人是诸葛亮的老朋友徐庶。

"啊!又是卧龙先生。"刘备顿时来了兴致,"看来我和他挺有缘分的。要不,您带他来见见我?"

徐庶摇摇头:"将军,像孔明这样的人才,我请,他是不会出来的。将军如果真心求教,必须亲自去拜访才行。"

刘备也是干大事的,当即就说:"好,好,我明天就去隆中,专门拜请卧龙先生。"

要知道,刘备比诸葛亮要大了二十岁,是叔叔辈的人物。这叔叔去拜见小辈,合适吗?

龙虎风云
LONGHU FENGYUN

三顾茅庐，刘皇叔得到个好帮手

刘备求贤心切，第二天一大早，就带着关羽、张飞去诸葛亮的小茅屋拜访，谁知诸葛亮刚好出去闲游了。

几天后，刘备再次心急火燎地带着关羽和张飞，冒着大雪赶往诸葛亮的小屋，谁知又扑了个空，诸葛亮被朋友邀走了。

转眼到了春天，刘备特意选了个好日子，洗了澡，更了衣，带着关羽和张飞，第三次奔向诸葛亮的小茅屋。

这次诸葛亮倒是在家，只是在房间里睡午觉。刘备让关羽和张飞在外面等，自己走进去站在台阶上，恭恭敬敬地等着。

等了好半天，诸葛亮终于打着呵欠伸了个懒腰，慢悠悠地醒来。刘备这才毕恭毕敬地走上前，问道："先生有什

龙虎风云

么计谋可以帮我平定天下？"

诸葛亮见刘备确实很有诚意，就说："如今天下大乱，各路英雄都在忙着抢地盘。北边的曹操拥有百万大军，手上又挟持有皇帝，不能与他硬拼。南边的孙权据有江东，承父兄基业已历三世，其地有长江天险之利，其身边能人众多，您也不可能吃掉他，只能和他结盟。

"不过，荆州是个好地方，物产丰饶，交通便利，乃兵家必争之地。但是它的主人却守不住它，这大概是上天要赐给将军的，将军您可想要它？

"西边的益州（包括汉中、广汉、蜀郡等地），土地肥沃，物产丰富，易守难攻，但刘璋父子懦弱无能，不得民心，显然也是守不住的。

"如果将军可以拿下荆州、益州，与曹操、孙权成三足鼎立之势，再联合孙权，讨伐曹操，到时候一定能得到天下人的拥护，成就一番功业，光复汉室。"

短短一番话（史称"隆中对"），诸葛亮给刘备画出了一幅"光复汉室"的蓝图，谁是敌人，谁是朋友，先吃哪块，再吃哪块，规划得井井有条。

刘备听了，如醍醐灌顶，不禁对眼前这个年轻人佩服得五体投地，于是诚恳地邀请他出山帮助自己，成就霸业。

诸葛亮推辞说："我只是个村夫，恐怕不能担当这样的重任啊。"

刘备一听，急得眼泪都流下来了。诸葛亮被刘备的诚意打动，最终答应出山相助。

嘻哈乐园

快马传书

大哥为何对他那么好？

编辑老师：

您好！我是关羽。自打大哥把孔明请回来之后，就成天和他待在一起，把我们两个弟弟撇到了一边。更过分的是，大哥还拜那小子为军师，把全部军队都交给他掌管，就连大哥本人，也听孔明调遣。

我和张飞都气得要命。张飞还跑去质问大哥，结果大哥却回答说："我现在得了诸葛亮，就如同鱼儿得到了水一般，无须多言！"

哼，一个乡野村夫，能有什么本事！来了这么久，也没见他做出什么成绩！他要是胆敢玩弄我们，别说张飞，我关羽的大刀第一个不答应！

关云长

云长兄：

好大的杀气啊！原来是关公关大爷！久仰！久仰！

您放心，孔明先生不是您说的那种人。就算您信不过孔明，也应该相信您大哥吧！您大哥可不是什么没头脑的追星族，他对孔明这么好，肯定是有原因的。

您想想，为什么你们三位武功高强，却到现在都还没有自己的根据地呢？说穿了，不就是少个给你们出谋划策的人嘛！

孔明虽然不会舞刀弄棒，但有一样是你们都比不了的，那就是谋略。有了他，你们就有了"智囊团"，有了奋斗的方向。

但智慧这东西，不是立竿见影的东西。我劝你们少安毋躁，耐心等待。有朝一日，孔明一定会让你们刮目相看的！

编辑★穿穿
编辑部

百姓茶馆
BAIXING CHAGUAN

"三顾茅庐"是假的？

益州谢参谋： 那孔明可真是神仙啊！居然算准了刘皇叔会三顾茅庐！那要是万一没算准，他岂不是要待在乡村一辈子吗？

北方李大刀： 可不，我听说刘皇叔"三顾茅庐"这事是假的！实际上，刘皇叔根本就没去过什么隆中，是孔明主动登门拜访！我就说嘛，这刘皇叔比孔明年纪大，名气也大，手下又不缺人才，怎么可能自降身价去找他呢！

荆州王先生： 这事是孔明先生自己说的！孔明先生高风亮节，难道还会胡说不成！怪只怪，有人为了吸引眼球，把"三顾"说得神乎其神。实际上，有可能去了三次见了三次。毕竟这么重要的事，光聊一次怎么够呢！

酒店王掌柜： 得了，他们是怎么见的，重要吗？重要的是他们谈了什么！依我看，这孔明待在小小的隆中，居然对天下大势有如此见解，实在是高人！接下来，可是有好戏看了！

名人来了
MINGREN LAI LE

越越（简称越）大嘴记者

刘备（简称备）特约嘉宾

嘉宾简介： 人称刘皇叔，曾任平原相、徐州牧。他二十多岁就投军杀敌，有着非同一般的志向。然而，十多年过去了，他还是过着东奔西跑、颠沛流离的生活。目前，他带兵驻扎在新野。可小小的新野，怎么能容得下他的雄心壮志呢？

越：皇叔，您在新野过得还习惯吗？
备：早就习惯了。你瞧，我这大腿都长赘（zhuì）肉了！

越：您长胖了，这说明您的小日子过得不错嘛。
备：唉，这也说明我很久没有骑马打仗了，虚度光阴啊（哭）。

越：皇叔别伤心。唉，这刘将军（刘表）也真是的，应该让您出去杀敌才对，怎么把您晾在新野"看大门"呢！这不是糟蹋人才吗？
备：刘将军这么做，自有他的安排吧。

越：哼，他是怕您有了实力，会抢他这一亩三分地吧？
备：（为难）小记者，咱们还是不要在人后说别人的不是吧！这不厚道。

越：（撇嘴）好吧，那我们说点别的。为什么您在新野待了六年，才去找孔明呢？
备：（尴尬）这个……

越：是因为他住得太偏僻，找不着？
备：不是，不是，我这么多兄弟，想找的话还是能找着的。

越：那就是不想找了？
备：（尴尬）不是，不是，刚开始

名人来了

是初来乍到，人生地不熟，对这一带的人和事还不太了解。

越：后来呢？
备：后来了解一点点了，但了解之后，就更不敢找了！

越：为什么？
备：这孔明是刘将军的亲戚，万一这事传到刘将军耳朵里，让他怀疑我在挖他墙脚，那就不好了。

越：那为什么现在又可以找了呢？
备：（两手一摊）唉，现在是没办法了，火烧眉毛了呀。

越：什么事这么急，曹操追上来了吗？
备：不是曹操在追我，是时间在追我啊。我现在都这把年纪了，再不拼一把，就没机会了！

越：所以，您就顾不上刘将军了？
备：也不是，如果孔明本人没有这个意愿的话，我还是不会去找他的。

越：您怎么知道他有这个想法？

备：他要是没这个想法，他的老师、朋友会给我推荐他吗？这也太巧合了，不是吗？

越：（点头）有道理。
备：只可惜，孔明是"定天下"的奇才，而我刘某所拥有的，不过是一座城池，万余兵马，还有两个好兄弟罢了。

越：皇叔过谦了，您还有一样是很多人没有的。
备：何物？

越：民心啊。有句话说得好，"得民心者，得天下"。现在又有孔明这样的奇才助您一臂之力，您已经离成功不远了！
备：哈哈，真有那么一天，我一定请小记者好好地喝上一杯！

越：好嘞！一言为定！

31

广告小铺

军中通告

近日，刘将军为大家请来了一位治军达人。此人不但有丰富的作战经验，而且在平时的训练中要求极为严格。

请大家做好心理准备，以最好的状态迎接即将到来的模拟训练。若是有谁胆敢违反军纪，一律严惩不贷！

新野军营

留言条

孔明先生：

前两次造访都没能见到先生，玄德心中非常遗憾。

不知先生某月某日某时是否有空？玄德和两位义弟将于这个时间再次前来拜访，还请先生务必把这个时间留给我，切莫再安排其他事情了。非常感谢！

刘备

重大喜讯

甘夫人昨天生下了一个大胖小子！据说夫人在怀孕时，曾梦见自己一口把北斗星给吞了，所以刘皇叔给孩子取名为刘禅（shàn），小名阿斗。为庆祝阿斗诞生，刘皇叔将于三天后在本中心举办庆生宴。欢迎将士们大驾光临！

新野军营家属中心

智者为王

智者无敌 王者为大 第1关

1. 黄巾起义爆发时，诸葛亮多少岁？
2. 和诸葛亮同年出生的皇帝是谁？
3. 汉朝末年的徐州阳都位于今天哪里？
4. 东汉末年地方行政与军事的最高长官叫什么？
5. 诸葛亮一家随叔父离开家乡避难时，谁没有一起去？
6. 是谁安排诸葛玄当豫章太守的？
7. 豫章郡是指今天的哪个地方？
8. 东汉时期的太学位于哪里？
9. 诸葛亮把自己比作哪两个历史名人？
10. "水镜先生""好好先生"分别是指谁？
11. "卧龙"和"凤雏"是谁给取的雅号？
12. 诸葛亮在隆中耕读的时候，曹操通过什么战役，基本统一了北方？
13. "如鱼得水"这个成语与谁说的话有关？是什么意思？
14. 刘备为了请诸葛亮出山，一共去了几次隆中？
15. 孙策死后，谁接了他的班？

第 4 期
公元208年

一个仁义的人
诸葛亮篇

穿越必读 CHUANYUE BIDU

诸葛亮出山后，开始帮助刘备一步步实施"隆中对"的宏伟蓝图。他先是结好刘琦，为刘备保存了一支外援同盟军；后来，在刘备被曹操打得一败涂地时，诸葛亮又提出了联吴抗曹的战略规划……

顺风快讯
SHUNFENG KUAIXUN

刘琮向曹操投降了
—— 来自荆州的加急快报

（本报讯）建安十三年（208年），曹操率领二十万大军，浩浩荡荡地向荆州奔来。

可人还没到达呢，刘表就病死了。他的小儿子刘琮（cóng）刚继位，官员们就撺掇（cuān·duo）他向曹操投降。

刘琮一开始不乐意：为什么要投降呢？不是还有刘备可以抵挡一下吗？

有人就问他："那将军觉得自己跟刘备比怎么样？"

刘琮惭愧地说："我当然是比不上刘备了。"

那人又说："那你想想，要是刘备都抵挡不了曹操，咱们就完了！要是刘备能抵挡曹操，那刘备以后还会听您的吗？"

言下之意，打不打，荆州都没有刘琮的份儿了。刘琮无奈，只好开门向曹操投降。就这样，曹操不费一兵一卒，占领了大半个荆州。

不过据了解，当初曹操一时大意，让刘备跑了，后悔得不得了。所以这次攻打刘表是假，收拾刘备才是真。那么，刘备该何去何从呢？

来自荆州的加急快报！

刘皇叔携民渡江

刘琮向曹操投降了！刘备知道后，又惊又怒，只好再次当起了"刘跑跑"，带领大家往江陵（今湖北省南部）逃去。

路过襄阳时，刘备停下马来，向刘琮喊话，吓得刘琮站都站不起来，更别说露面了。

诸葛亮趁机提议，趁曹操大军还没赶到，先把襄阳夺了。

刘备却摇摇头说："刘表生前待我不错，我不忍心这么做啊！"接着，刘备去刘表墓前，一把鼻涕一把泪地哭了许久。

刘备这一哭，感动了很多人，就连刘琮身边的人也纷纷出城投奔刘备。一时间，推车的、挑担的、骑马的、赶牛的，如同滚雪球一般汇集到刘备旗下。

十几万人走在一起，光行李车辆都好几千辆，每天只能慢悠悠地往前走十多里，什么时候才能赶到江陵呢？

刘备的手下心急如焚，就劝刘备说："这样下去，曹操追上来，我们必败无疑，还是不要管他们了吧！"

刘备一听，怒了："做大事者，必须以人为本。老百姓信任我，才跟着我，我怎么能扔下他们独自逃跑呢？"

百姓们知道后，没有一个不感动得流泪的。

曹操的追兵以一天三百里的速度，昼夜不停地追，很快在当阳追上了刘备的大部队。刘备的军队被打得大败，他费了半天劲才带着诸葛亮等人冲出重围，逃出了曹操的魔爪。

嘻哈乐园

徐庶老弟，你别走啊，我舍不得你啊。

主公，曹操把我娘抓走了，我要去陪我娘了！

你走了，泄露了我这边的军事秘密怎么办？不能走！

让我走！让我走！……

不行！不行！……

我去曹操那边，给你当卧底。

这样啊，那你走吧！

变脸变得真够快的！

快马传书

要不要和刘备联合

编辑老师：

　　您好！我是江东的讨虏将军孙权。我的祖辈在吴地（指长江下游南岸一带）做官。我的父亲孙坚，骁勇善战，曾经和袁术一起讨伐过董卓，号称"江东猛虎"。我的哥哥孙策，人称"江东小霸王"，如今江东这片天下，就是他和他的发小周瑜打下来的。

　　只可惜哥哥英年早逝，临死前，他把江东交给了我。当然，我也没有辜负哥哥，把江东治理得还算过得去。

　　听说曹操这次南下荆州，除了对付刘表和刘备，还要对付我。我和曹操一向是井水不犯河水，孙家还与曹家联姻做了亲戚。他为什么要针对我呢？如果传言属实，我要不要和刘备联合起来，一起对抗曹操呢？

讨虏将军　孙权

孙将军：

　　您好！听说您刚即位的时候，周瑜的好友鲁肃就给您制定了一个很宏伟的目标，那就是打下荆州，为江东的基业锦上添花，他还把您比作汉高祖刘邦，把曹操比作项羽。

　　也就是说，从那时起，拿下荆州就成了您的目标之一。这个我能理解，毕竟荆州是天下英雄最想要的州之一，很多人对它虎视眈眈。

　　前不久，您以为父亲报仇为由，出兵杀掉了江夏太守黄祖。曹操一方面要对付刘备和刘表，另一方面也担心荆州落入您的手中，这才急着征讨。

　　至于您要不要联合刘备，还要看刘备那边的态度。您不妨派鲁肃过去探探他们的口风，然后再做决定。

龙虎风云

LONGHU FENGYUN

江东来个了"大救星"

刘备被曹操打得节节后退，退到夏口时，军队只剩约两万人。两万对二十万，这仗怎么打？

就在这时，孙权派来了鲁肃。

鲁肃是个热心人，性格也很直爽，见到刘备他就问："皇叔现在有什么打算，准备往哪里去呢？"

刘备吞吞吐吐地说："苍梧太守吴巨是我的好朋友，实在没办法，我只有去投靠他了。"

鲁肃吓了一跳，说："苍梧又远又偏，再过去就是交州（今越南北部），那吴巨不过是个庸人，连自己都保护不了，还会保护您吗？"

刘备听了，半天没有说话。

鲁肃又劝道："孙将军聪明仁厚，礼仪下士，兵多将广，拥有六个郡的地盘，江南的英雄豪杰都依附于他。皇叔何不派个心腹过去，与我东吴结盟，说不定能成就一番大事呢！"

刘备还没回话，鲁肃又转身对诸葛亮说："你的哥哥诸葛瑾现今就在孙将军那里做官，和我是好朋友。你不想过去见见他吗？"

诸葛亮听了，正合心意，立刻对刘备说："事不宜迟，就让我过去见见孙将军吧！"

其实，刘备兵败如山倒，正巴不得呢，于是就派诸葛亮随鲁肃过江去见孙权了。

百姓茶馆
BAIXING CHAGUAN

"刘跑跑"是不是英雄？

我就不明白了，这刘玄德要地没地，要人没人，打了败仗就跑，投靠了这个又投靠那个，反复无常，为什么那么多百姓说他是英雄，还死心塌地地跟着他？

许都闲人

一个人是不是英雄，首先要看他是不是有英雄的志气。刘备心怀天下，胸有百姓，这不正是一个英雄该有的志气吗？

东吴王掌柜

没错，刘玄德起兵以来，确实一直在不停地投靠他人，可你什么时候见他垂头丧气过？你们只看到他屡战屡败，我看到的却是屡败屡战！这种气魄，这种胸怀，一般人有吗？

荆州某侍卫

你们别看刘备平时不声不响的，像个窝囊废，他要真是无能，关羽和张飞这些一等一的人才，会死心塌地地跟着他？诸葛亮那么聪明的人，会等他？袁绍、刘表、曹操这些雄霸一方的大枭雄，会对他另眼相看？人家有文化，讲义气，还有智谋，要是有块地盘，早就飞起来了！

许都魏书生

名人来了

越越（简称越）大嘴记者

诸葛亮（简称亮）特约嘉宾

嘉宾简介： 现为刘备的高级参谋。他出山后，没有马上开始打仗，而是脚踏实地，从一些重要的基础性工作做起，比如户籍登记、招兵买马、训练军队等。通过这些工作，他的能力得到了进一步提升。

越：小亮兄，你们现在有多少人马？

亮：两万。其中有一万还是刘表的大儿子刘琦的。

越：刘琦？他弟弟不是投降曹操了吗？他怎么和你们在一起？

亮：你知道刘琦身为长子，为什么没有继承刘表的位置吗？

越：不是因为刘琮长得帅，像刘表吗？

亮：这个你也信？其实是因为刘表的后妻蔡氏偏爱刘琮，而蔡家是荆州的八大家族之一，连刘表也怕他们三分呢！

越：哦，还有这事。

亮：你想想，连刘表都怕他们，刘琦能不怕吗？因为我算是他的表姐夫嘛，所以他之前来找过我很多次，问我该怎么办，我都没吭声。

越：这蔡氏是您夫人的姨妈，您帮他确实不太合适。

亮：他见我不肯帮他，就把我骗到一座高楼上，请我喝酒。等我一坐下，他就让人抽掉了梯子，说："现在这里就咱俩人，你说的话，只有我听得到，现在你可以给我出主意了吧？"

越：哈，好一招"上屋抽梯"（先把人引诱上楼，再把梯子撤掉。比

41

名人来了

喻先故意用小利引诱敌人，等敌人上钩后，再掐断他的后路）！这下您走不了了吧！

亮：我无路可走，但我也不好把话讲得太直白，就给他讲了一个故事——

越：什么故事？

亮：春秋时期，晋献公宠信一个叫骊（lí）姬的妃子。骊姬为了让自己的儿子当上太子，设计陷害晋献公的两个儿子。公子申生孝顺，不忍离开父母，结果被害死了；而他的弟弟重耳逃亡国外，不仅活了下来，最后还继承了王位，成为"春秋五霸"之一，也就是晋文公。

越：噢，我明白您的意思了。

亮：刘琦也是个聪明人，后来他就请命去江夏当太守，离开了襄阳这个是非之地！

越：原来如此。说实话，当年您帮助刘琦，是为了今天这事铺路吧？

亮：是有那么点私心。你想想，刘琦要是被弟弟害死了，对刘皇叔有好处吗？没有。但我们要是有了刘琦这个招牌，刘表死后，我们就可以打着"支持长子"的旗号，名正言顺地对付刘琮，到那时，拿下荆州也就轻而易举了。

越：看来你们真的很想拿下荆州。那刘表临死前，要把荆州让给刘皇叔，刘皇叔又怎么不要呢？

亮：哈哈，这种话你也信？不过是刘荆州担心自己死了，两个儿子根本不是刘皇叔的对手，故意试探刘皇叔罢了。

越：刘皇叔难道没有这种想法？

亮：（摇头）刘皇叔乃仁义之人，怎会趁人之危？得仁者，才会得天下。

越：怪不得有这么多百姓愿意相信他，跟随他！

亮：嗯，这就是人心的力量。先不聊了，我还要赶着去江东。后会有期！

广告小铺

游民入籍公告

荆州地区的人口不少，登记在户籍本上的人却不多。如果像平常那样，只按户籍征收赋税和征召服役，对在籍的人很不公平。

现经镇南将军批准，凡居住在荆州地区的百姓，没有登记在籍的，请到我处如实申报、登记。我们将挑选一批佼佼者，加入刘皇叔的军队。特此公告。

荆州户籍管理处

给赵云的感谢信

在长坂坡一战中，子龙（赵云的字）兄不顾个人安危，单枪匹马闯曹军，救出我儿阿斗。本人十分惭愧，区区黄毛小儿，竟然害得我差点损失一员猛将。若不是众位将士阻挠，我定将这孩子摔死，以谢天下。

如今，孩子已平安归来，子龙兄也没受伤，玄德深感欣慰，特在此向赵将军表示感谢。

刘备

誓死追随玄德公

父老乡亲们，曹操的兵马现在快到樊城了。身为大汉子民，我们怎么能向汉贼投降呢？

现在玄德公准备带着他的军队前往江陵。有愿意跟随玄德公的，请抓紧时间，收拾好行李，明天我们一道出发！

只要玄德公不嫌我们是累赘，我们将至死追随！

玄德公樊城粉丝团

第 5 期
公元208年—公元211年

火烧赤壁

穿越必读 CHUANYUE BIDU

眼看刘备被曹操打得节节败退，关键时刻，诸葛亮只身出使江东，巧用三寸不烂之舌，智激孙权与周瑜，圆满地完成了孙刘结盟的使命。名震天下的赤壁之战就此拉开序幕……

诸葛亮智激"碧眼儿"
——来自江东的加急快报

（本报讯）诸葛亮随鲁肃到了江东，不久便见到了孙权。孙权有一双碧绿色的眼睛，人称"碧眼儿"。

一开始，孙权有点摇摆不定——虽然曹操不是好人，但刘备也不是什么省油的灯，搞不好，自己会引火上身；可继续观望吧，万一刘备被打败了，下一个就轮到自己了。

诸葛亮看出了他的心思，就故意激他说："将军最好估量一下自己能不能打得过曹操。要是打不过，就早点投降算了！"

孙权一听，很不高兴："那刘豫州（指刘备）怎么不投降？"

诸葛亮冷笑一声："我们刘豫州是汉室宗亲，当今英雄，怎么会拜倒在曹操脚下呢？"

孙权听了，气得两只绿眼睛直冒火："哼，难道只有刘豫州才能抵挡曹操吗？我孙某绝不会把东吴白白地送给他人！"

诸葛亮马上趁热打铁："曹操远道而来，早就疲惫不堪。而且北方士兵不善水战，如果将军能和我们齐心协力，一定能打败曹操！"

就这样，诸葛亮说动了孙权。

诸葛亮舌战群儒

孙权答应联盟后，便立刻召集部下，商讨怎么对付曹操。

这时，曹操下的战书到了，说自己带着八十万兵马（其实只有二十万兵马）南下，闲得无聊，想到东吴来找孙权打猎。

文官们看了个个大惊失色，好家伙，八十万！是东吴兵力的好几倍。在老臣张昭的带动下，大家纷纷主张向曹操投降。

据说（注意，只是据说），孙权被这些投降派弄得左右为难时，突然想起诸葛亮，觉得他口才还不错，就想利用他去说服那些文官。

官员们见诸葛亮只是个小伙子，都很瞧不起他。张昭故意问："你们家主公三顾茅庐把你请出来，本来指望你帮他恢复汉室。谁知你来了后，他连原来占有的几个城池也丢了，现在连个落脚的地方也没有，这是怎么回事？"

诸葛亮回答："我家主公之前占据新野，可新野不过是个小地方，怎么能长期待在那里呢？我们虽然暂时打了败仗，但将来能够成就更大的功业。你们这些等闲之辈，又怎么会明白！"

又有人问："曹操有百万人马，我倒想知道你怎么打赢这场仗。"

诸葛亮回答："曹操的百万大军不过是些乌合之众，并不可怕。我们势单力薄，暂时对付不了，但我们依然在奋力抵抗；可你们兵强马壮，却要向曹操投降，不是太丢脸了吗？"

龙虎风云

还有人问:"曹操已经占领了全国的三分之二,别人都想归顺他,我们与他对着干不是太傻了吗?"

诸葛亮勃然大怒:"你们这些人,喝着汉朝的水,吃着汉朝的饭,现在却要归顺'汉贼'曹操。忠孝仁义,你们忘得一干二净,我真替你们害臊!"

诸葛亮这番话将文官们说得面红耳赤,哑口无言。

人们还说,孙权听了这番话,十分激动,一把抽出佩刀,一刀下去,将案桌砍下一个角,说:"只要我还在,我与曹贼势不两立!谁要是再敢提'投降'二字,这桌子就是他的下场!"

大汉是我家,打仗靠大家!

嘻哈乐园
XIHA LEYUAN

孙权要挖我墙脚

编辑老师:

　　你好。我是刘备。孔明出使江东已经好几天了。这几天我心急如焚,天天都去江边,看有没有孙吴的战船。

　　可我盼啊盼啊,盼来的却是这样一个消息:孙权要把孔明留在东吴做官,还派孔明的哥哥诸葛瑾去做说客。这不是要挖我墙脚吗?

　　我气得要命,但又不确定这事是不是真的。昨天,孙吴的战船终于来了,我心里特别高兴,想过去看看,顺便打听一下孔明的消息。你说,我该不该去呢?

刘备

刘皇叔:

　　您好。您是不相信小亮哥,还是不相信自己呢?

　　小亮哥才华出众,智慧超群,有人看上他再正常不过了。但他在隆中隐居了十几年,连刘表都没有投靠,为的就是找一个靠谱的明主。虽然孙将军也是一代人杰,但他的旗下人才济济,小亮哥即便留在江东,恐怕也不能展示他的全部才华。

　　现在,他好不容易才等到您,而您和他经过这段时间的相处,已经如同鱼儿和水,谁也离不开谁了。他又怎么会被哥哥几句话说服,轻易跳槽呢?

　　况且,这一次,小亮哥并没有和周瑜一块回来。虽然你们已经结盟,但防人之心不可无,您还是不要去冒这个险了吧!再等个两三天,小亮哥就回来了。

八卦驿站

二十条草船，"借"了十万支箭

据说，孙权和刘备正式结盟后，孙权让都督周瑜率领三万水军，和诸葛亮一起去抵抗曹操。

周瑜见诸葛亮很有才干，心里十分妒忌，便以水上交战需要用箭为由，让诸葛亮在十天内造出十万支箭来。谁知诸葛亮满口答应，还立下军令状，声称只要三天就能完成。周瑜心里暗暗高兴。

可一天过去了，两天过去了，诸葛亮一点动静都没有，只是让鲁肃给他准备了二十条船和一千多个草靶子。

这诸葛亮葫芦里卖的什么药呢？周瑜心里十分疑惑。

到了第三天，周瑜按约定派人到江边搬箭。这一看不得了，诸葛亮船上的草靶子上密密麻麻地插满了箭。每条船上约有五六千支箭，二十条船加起来，总数比约定的十万支箭还要多呢！

原来，在天还没亮的时候，诸葛亮让人把船用绳索连起来，开向了对岸的曹军水寨。等到船快要接近曹军水寨时，诸葛亮下令把船一字排开，让船上的士兵一边擂鼓，一边呐喊。

那时候，江上大雾弥漫，什么都看不清。曹操听到鼓声和呐喊声，以为有敌人来攻，就叫人朝江中射箭。过了一会儿，诸葛亮又让人把船掉过头来，继续擂鼓呐喊。

等到天快亮的时候，诸葛亮见船上的草靶子上已经插满了箭，就驾着船一溜烟跑了。曹操这才明白自己上当了。

周瑜知道后，不禁长叹一声："诸葛亮神机妙算，我不如他啊！"

百姓茶馆

BAIXING CHAGUAN

赤壁大捷，谁是头号大功臣？

建安十三年（208年），孙刘联军在长江赤壁（今湖北省赤壁市西北）一带大败曹军。

茶馆老板娘：听说这次赤壁之战联军能打赢，全靠孔明先生啊！多亏他在大冬天从老天爷那里借来东风，然后用火攻，才把曹操打得落花流水。

诸葛亮的粉丝小莲：这孔明先生是活神仙再世吧？他不仅会借箭，还会借东风。听说东吴的周大都督被他抢了风头，气得要死呢，嘻嘻！

东吴某小兵：你们这是从哪里听来的小道消息！什么"借东风""草船借箭"，真是胡扯！还有那火攻之计，也是周都督和他的部下黄盖想出来的，跟诸葛亮一点关系都没有。这次赤壁之战，诸葛亮根本就没有参与！要说立功，他也不过是联吴抗曹有功。别的功劳，都是瞎编的！

周瑜的粉丝小翠：就是，诸葛亮不过是一介书生，出山也才两年，又没有什么实战经验，怎么可能打得过曹操！真正打败曹操的头号功臣，是我们的周大都督！你们别再造谣了啊，哼！

51

刘备借荆州，有去无回？

赤壁之战一年后，孙刘联军又齐心合力，将曹操赶出了荆州。

这时，刘琦已经死了，大家一致推举刘备为荆州牧。可周瑜却认为是他把曹操从荆州赶走的，荆州应该归东吴管。双方争执不下，差点儿就闹翻了。

最终，周瑜只把长江南岸的土地分给了刘备（这些地方大都荒无人烟，十分贫瘠）。刘备心里十分不满，打算去找孙权要地盘。

诸葛亮大吃一惊，赶紧出来阻止："危险啊，主公！如果去了东吴，您可能就回不来了！"刘备不听劝。

周瑜知道后，赶紧给孙权写了封密信，大意是：刘备这人不简单，迟早会变成一条巨龙。不如设个圈套，把刘备养在江东，给他造一座大房子，派一些美女陪他整天吃喝玩乐，让他舍不得离开江东。要是关羽、张飞无理取闹，就以刘备为人质，把他们灭了。

其他人也建议把刘备软禁起来，不要放他走，只有鲁肃不同意。

孙权觉得大家说的都有道理，就结合他们的主张，把自己的妹妹孙尚香嫁给了刘备，将刘备变成了自家人。

不久之后，周瑜受了箭伤，不治而亡。在鲁肃的周旋下，孙权和刘备达成一致：荆州归孙权所有，不过暂时借给刘备。就这样，刘备有了不小的地盘。

值得一提的是，虽然说是"借"，但双方在借据上并没有约定归还的时间，不知道什么时候能还回来呢！

名人来了

越越（简称越）大嘴记者

周瑜（简称瑜）特约嘉宾

嘉宾简介： 江东第一美男子，风流倜傥，才华绝伦，与诸葛亮并称为"瑜亮"。在赤壁之战中，他以弱胜强，打败了威风凛凛的曹操，为东吴立下赫赫战功。有人说，和他交往就像喝了美酒一样，不知不觉就醉了；也有人说，他心胸狭隘，嫉妒成性。到底哪一个才是真正的他呢？

越：（两眼放光）哇，大都督，您果然比我想象中还要帅，在我衣服上签个名吧！

瑜：好说，好说（在越越衣服上大笔一挥）。

越：谢谢大都督，我这衣服以后再也不洗了，哈哈。

瑜：小记者花样还挺多，哈哈。

越：咱们言归正传。听说您在战前就预言，曹操这次会输。难道您也像诸葛亮一样，能掐会算？

瑜：哈哈，那倒没有，主要是曹贼自己来送死。

越：为什么这么说呢？

瑜：首先，曹贼的士兵大都是北方人，来到南方，必定会水土不服。其次，当时正是冬天，他们远道而来，时间久了，必定会供给不足。再次，曹贼的士兵长期征战，早已疲惫不堪。最关键的是，他们不擅长水战！打个仗他犯了这么多忌讳，怎么可能不输！

越：还有一点，曹操虽然名义上是汉朝的丞相，但很多人像您一样把他当汉贼，所以他不得人心。

名人来了

瑜：既然你都明白，还来问我做什么——哎哟（捂着胸口）！

越：（急）都督怎么了？

瑜：无妨，只是在战场不小心中了敌人一箭。

越：噢，我还以为您是被诸葛亮气到了呢！

瑜：（奇怪）我干吗要生他的气？

越：大家都说，前段时间，他坏了您的好事，把孙权的妹妹带走了，害得您"赔了夫人又折兵"，您这才被气得一病不起！您还说什么"既生瑜，何生亮"！

瑜：哈哈，我周瑜是这种人吗？

越：其实我觉得不是，堂堂东吴大都督，要钱有钱，要权有权，要颜有颜，还家有娇妻，别人嫉妒您还差不多。

瑜：我倒不是这个意思。诸葛亮确实有才，但我们东吴也是人才济济，而且很多都是我推荐的，才能比我强上十倍不止。我若是这么好妒，那我还推荐他们干什么！

越：但是诸葛亮不是东吴的人啊。除掉了诸葛亮，你们就相当于砍掉了刘备的一只臂膀！

瑜：小记者你也太天真了！刘备身边人才如云，又有关羽和张飞两个义弟，诸葛亮哪里有资格当他的左膀右臂！

越：也是，诸葛亮现在不过是个小小的军师中郎将。

瑜：所以呢，我要对付，也是对付刘备这个人。我总觉得刘备这人将来绝对是我们东吴的敌人。

越：现在就对付刘备，太早了一点吧！

瑜：唉，我也想慢慢来，但身体不允许啊。

越：那还是身体要紧，将来的事将来再说！大都督早点休息吧！

本文采访于周瑜去世之前。

54

广告小铺

天气预报

　　天有不测风云！本人生活在长江、汉水之间，熟悉长江一带的气象变化。据观察，冬至前后，长江中下游一带白天晴好，晚上有大雾，会刮东南风。请大家根据气象变化，做好相应的准备。

孔明

联盟公告

　　为免天下落入汉贼曹操之手，自今日起，我江东集团将与刘备集团联合起来，共同对付曹操。望双方军民以大局为重，携手并肩，齐心协力，将曹操赶出荆州！

孙权　刘备

悼念周瑜

　　公瑾啊，你怎么这么早就去了啊！你勤奋好学，仗义疏财，一心为民，二十多岁就帮助孙将军建立了霸业。你风度翩翩，只有小乔可以与你匹配；你气概非凡，敢和曹贼唱反调；你文韬武略，以三万兵力大胜曹操。你的忠义之心，英灵之气，将名垂百世，千古流芳！只是从今以后，天下再也没有我的知音了！呜呼痛哉！

诸葛亮

第 6 期

公元211年—公元214年

刘备入川

诸葛亮 著

穿越必读 CHUANYUE BIDU

赤壁之战后，刘备开始向西部扩展自己的势力。在轰轰烈烈的西部大开发过程中，他和诸葛亮一个在外争地盘，一个在内搞建设，双方紧密合作，最终在益州开创了一份新的基业。

顺风快讯
SHUNFENG KUAIXUN

刘备当上益州牧
——来自益州的特别快报

（本报讯）赤壁之战后，曹、孙、刘三家谁也治不了谁，就都盯上了西边的益州（今云贵川等地）。就在这时，益州却有人主动向刘备伸出了"橄榄枝"。这是怎么回事呢？

原来，不久前益州牧刘璋得到一个消息，曹操要来攻打汉中了！他的两个谋士法正和张松觉得跟着他没前途，就怂恿他说："咱们把刘备请来镇守汉中吧！"刘璋稀里糊涂就答应了，还派法正前往荆州迎接刘备。

结果那法正一到荆州，就投靠了刘备，并表示愿意和张松一起帮助刘备拿下益州。

人在家中坐，饼从天上来。刘备听了大喜，当即留下诸葛亮和关羽镇守荆州，自己则带着人马随法正去了益州。等到刘璋发现他们的阴谋杀了张松时，已经晚了，刘备大军一路所向披靡，攻下益州许多城池。刘璋只好打开城门，向刘备投降。

建安十九年（214年），刘备如愿以偿当上了益州牧，在西南地区站稳了脚跟。

来自益州的特别快报！

龙虎风云
LONGHU FENGYUN

绕了一大圈，"冤家"终于成"主仆"

在攻打成都的时候，刘备下令，不准伤害一个叫刘巴的人。进城后，刘备又派人满大街地找他。咦，这个刘巴是何许人也？为什么刘备如此重视他？难道他们是亲戚？

记者经过一番打探，发现一些很有意思的信息：

原来，刘巴也来自荆州。不过，他和刘备既不是亲戚，也不是朋友。相反，刘巴因为出身世家，为人清高，一直看不起编草鞋的刘备。

曹操南征荆州的时候，别人都屁颠屁颠地跟着刘备往南逃，只有刘巴反其道而行之，往北投靠了曹操。曹操还给他派了一个任务，让他回荆州老家做招降工作。

谁知赤壁大战后，曹操打了败仗回北方去了。刘巴无法和曹操联系，就打算去外地避难。

诸葛亮知道他是个人才，不忍心看他流落他乡，便写信劝他说："现在荆州的人都归顺了刘公，你为什么还要去别的地方呢？"

刘巴没好气地回了一句：

> 快走，快走，还有好多任务没完成！

刘巴

龙虎风云

"你们不投降，我任务没完成，自然得想办法回去，你又何必这么问呢？"

刘备知道后，十分恼火，就想把他杀了。

诸葛亮赶紧替刘巴解释，说刘巴比自己还能干，是目前最需要的人才，不要跟他计较这些小事，刘备这才熄了火。

为了躲避刘备，刘巴四处逃窜，先是改名去交州躲了一段时间，后又溜到益州郡，成了刘璋的"员工"。

谁知刘璋脑袋进水，要请刘备入川。眼看绕了一大圈，又要跟那个"冤家"见面，刘巴赶紧劝阻说："刘备这人不是一般人，来了必定是个祸害。"可惜不管他怎么说，刘璋就是不听。

刘巴一气之下，躲在家里，闭门不出。直到听说刘备在费劲巴拉地四处找他时，他才主动打开家门，向刘备俯首称臣。

还别说，刘巴一来就为刘备解决了一个大麻烦。

原来，刘备在进攻成都时，曾经向将士们许诺："只要拿下成都，益州库房里的金银财宝随你们拿，我不要。"

结果，士兵们一进城就把值钱的东西一扫而空，搞得刘备自己都没钱用了，他问诸葛亮怎么办。诸葛亮就向他推荐了刘巴。

刘巴说："这事很容易，让政府统一发行新铜钱，并允许公开买卖就可以了。"

果然，不到几个月，铜钱又哗啦啦地堆满了国库。

人们对刘巴的才能赞不绝口，就连诸葛亮也甘拜下风呢！

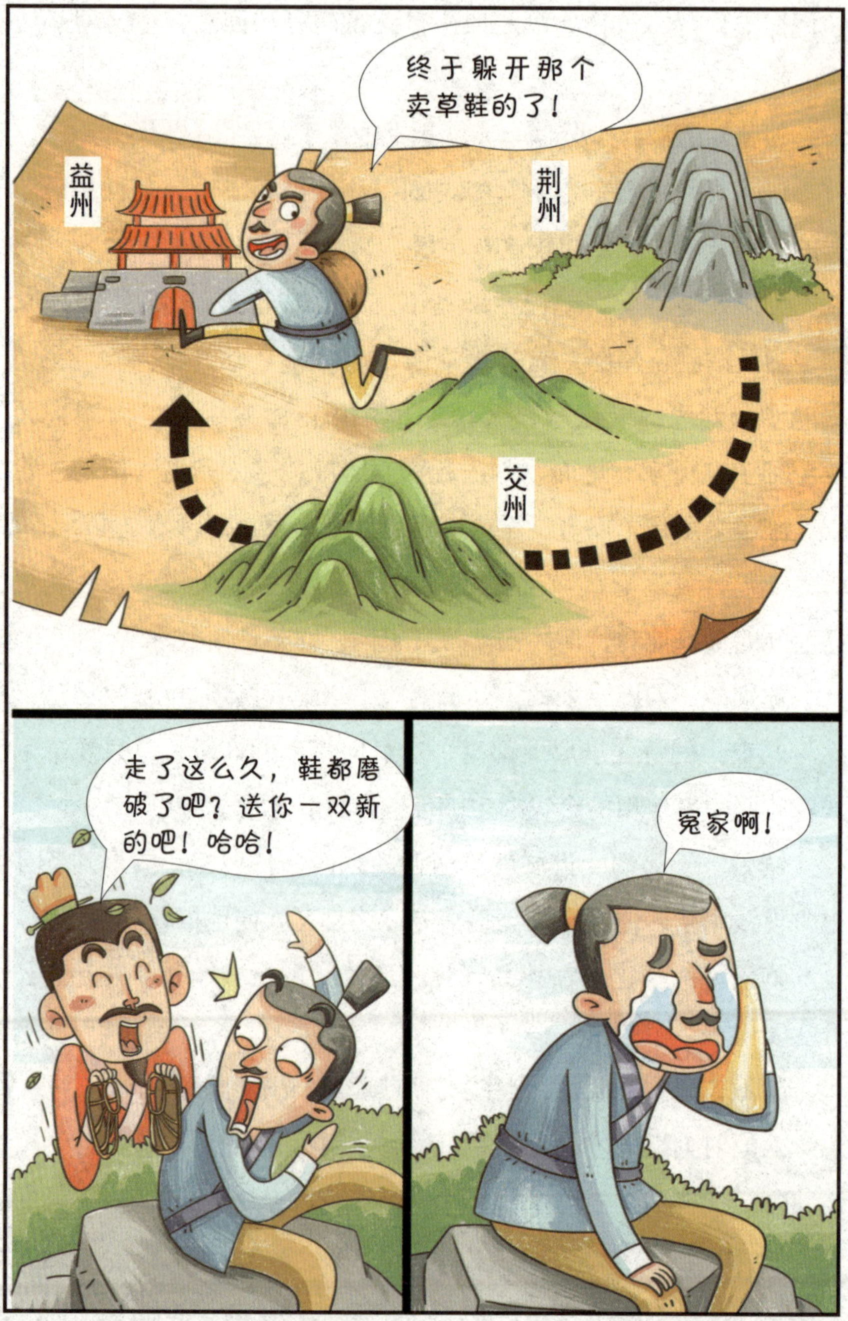
终于躲开那个
卖草鞋的了！
益州
荆州
交州
走了这么久，鞋都磨破了吧？送你一双新的吧！哈哈！
冤家啊！

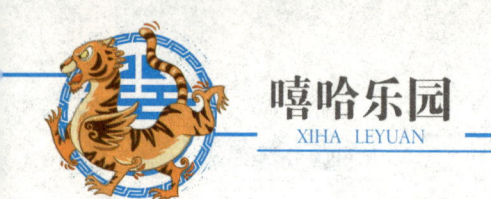

治蜀从宽还是从严？

刘备取得益州后，命诸葛亮、法正、伊籍、刘巴、李严等人，一起制定了一部治理百姓的法典——《蜀科》，作为治蜀的法度。

这部法典十分严苛，比如，凡是违反禁酒令的，都要受到处罚，而且就算没有酿酒，只要家中有酿酒工具，也会被抓起来。之前的刘璋懦弱无能，当地的豪强被纵容惯了，对此十分不满。

法正也写信给诸葛亮说："当年高祖入关，就和百姓约法三章，得到了百姓拥护。现在我们是以武力得到益州的，还没来得及推行恩德，就管得这么严，不利于收服人心啊！况且本地人是主，外来人是客，客人对主人不是应该客气点吗？"

诸葛亮知道法正是替益州人代言，不敢怠慢，当即很认真地回了封信说："你只知其一，不知其二。秦朝灭亡，是因为秦始皇和秦二世施行的政令过于严苛，害得百姓不得安宁。所以高祖反其道而行之，仅约法三章就能大获成功。而刘璋昏庸无能，从他父亲统治益州以来，就德政不举，法治不严，君臣不分，在这种情况下，如果还是一味地拉拢、讨好民众，只会让他们更加轻视、怠慢我们。我们现在加强法纪，正是为了让大家知道什么是恩德，什么是荣耀，这样才能恢复益州该有的秩序啊。"

诸葛亮的一番话说得法正心服口服，他再也没说什么了。

在诸葛亮的治理下，巴蜀大地开始呈现出一派崭新的气象。

百姓茶馆
BAIXING CHAGUAN

诸葛亮为何纵容法正？

猎人阿全： 都说孔明先生执法严明，那为什么法正犯了法的时候，他却说什么法正是主公身边最重要的人，没有法正，就没有主公的今天，然后就将事情不了了之了呢？难道他所谓的依法治国，就是对某些人从严、对某些人从宽吗？

小贩王二： 这也怪不得孔明先生。现在法正在刘备的心里，那可是头号大功臣啊。刘备给他的权力，远在众人之上。孔明和他顶多是平起平坐，怎么管得了他呢？

孔明的粉丝： 我不服！孔明先生既能用兵打仗，又能管家，比法正强了不只一星半点！当年要不是他和张飞率军从荆州赶来相助，刘备能打下益州吗？

法正的粉丝： 那是你的想法。事实上，很多人都觉得法正比孔明强。就连曹操都说："我能够把天下第一等的谋士都收归囊中，为什么偏偏缺了一个法正呢？"在刘备的心目中，法正就相当于曹操的荀彧（yù）呢！

快马传书

KUAIMA CHUAN SHU

团结一切可以团结的力量

编辑老师：

你好。我是诸葛亮。主公打下益州后，我最重要的工作就是团结一切可以团结的力量。

首先是要跟益州本地的官员搞好关系，争取他们的支持。有了他们的支持，我们在益州的工作会轻松很多。其次是照顾好来益州的老同事。现在益州一半的重要岗位，安排的还是我们自己人。

前几天，关云长问我，他和新来的马超比，谁更厉害。

唉，我能说什么呢？我只好说，马超是个英雄，但也只能和张飞并驾齐驱，比你关二爷还是比不上的。

唉，我真心不想拍他马屁，可又不想看他们起内讧影响团结。

至于我给你写这封信，也不是想批评他们，只是和你这个老朋友发发牢骚罢了，你可别到处宣扬啊！

诸葛亮

小亮哥：

恭喜您升官了！不过，权力与责任是对等的，您有多大的权力，就有多大的责任。

益州和荆州不同。荆州的官员大部分是刘皇叔的老部下，百姓也都买刘皇叔的账。益州因为是武力夺取的，大家对你们多多少少有点意见。这种情况下，团结一切可以团结的力量，并不是一件容易的事。新同事要安抚，老同事也要照顾。像关二爷问的那个问题，处理不好，是要得罪人的。

不过，您也别叹气。在您的努力下，益州拥护刘皇叔的人越来越多，大家都说你们办事比刘璋强多了呢！相信益州很快会走出之前的混乱局面，开始迎接新的生活篇章。

编辑★穿芬
编辑部

名人来了

越越（简称越）大嘴记者

庞统（简称统）特约嘉宾

嘉宾简介：刘备帐下的著名谋士，才智与诸葛亮齐名，人称"凤雏先生"，意思是只要遇到能够重用他的人，他就可以一飞冲天。那么，他有机会实现他的雄心与抱负吗？

越：哇，凤雏先生，果然是您。没想到您跟刘皇叔出来打益州了！我刚还以为我眼花了呢！

统：正是在下！

越：您不是很早就出来做官了吗？好像比诸葛亮还早吧？

统：我虽然出山比他早，但做官这条路却没他走得顺利。

越：怎么了呢？

统：一开始，我是给周瑜当差。可惜周瑜死得早，孙权又因为我长得丑，不愿接纳我，鲁肃便推荐我投靠刘皇叔。

越：哇，那刘皇叔岂不是捡了个大便宜！

统：呵呵，刘皇叔把我安排到耒（lěi）阳（今湖南省耒阳市）做县令。

越：啊，以先生的才学，放在耒阳那小地方，不是大材小用吗？

统：别提了，我只用几天的工夫，就把几个月的公事办完了，然后天天躺在床上睡大觉。

越：哈哈，先生还是蛮有个性的嘛。

统：个性是要付出代价的。后来这事被我的顶头上司赵云知道了，他一生气，炒了我的鱿鱼，连县令也不让我当了。

越：这事孔明先生知道吗？

统：他只是听说我在荆州做官，

名人来了

却一直没见到我人影，后来知道我被罢官，为我鸣不平，刘皇叔这才勉强同意跟我见面的。

越：刘皇叔这态度好奇怪噢！
统：我也是见了面才知道。他是因为我在周瑜手下当过差，对我有成见，当年就是我建议周瑜将他扣押在东吴的。

越：这事也不能怪您。在谁的手下，就该忠于谁。
统：刘皇叔也不是不讲理的人。我们解开心结后，很快就聊开了，而且聊得很投机。

越：你们聊什么了？
统：我也建议他去攻打益州。但刘皇叔觉得那是刘璋的地盘，抢人家的不好。我听了这话，是哭笑不得！

越：为何？
统：益州牧刘璋懦弱无能，益州在他手里就是个麻烦。就算刘皇叔不取，别人也会去抢，那样对天下、对百姓就好了吗？再不取，这益州就是别人的了！

越：有道理！怪不得刘皇叔这次竟然丢下孔明先生，带您来益州了。
统：话不能这么说，孔明兄的任务也不轻。主公目前只有荆州那块地盘，益州打下来之前，荆州绝对不能出差池。

越：那也说明，刘皇叔现在将您和孔明先生看得一样重。
统：嗯，这次我给刘皇叔准备了三条计策，希望能帮主公把益州打下来！

越：那我送先生一句话，"人算不如天算"。先生尽力即可，切不可拼命啊！再见！

在攻打益州时，庞统为鼓舞士气，亲自上阵攻城，结果被乱箭射死，年仅三十六岁。

广告小铺

盐铁收归官营

生活中离不开盐，战争中离不开铁。为增加政府收入，今后盐、铁两项生产均由官方经营，任何个人或民间团体不得介入，违者一律严惩。

益州府

即将发行新钱币

为了尽快推行新型钱币，请大家把所有的旧钱和铜上交，用来铸造新钱。现在，州牧大人把自己帐子上的铜钩都捐出来了，大家就不要再犹豫了吧！

益州来福铸钱局

感谢书

前不久，东吴孙权心怀不轨，企图用船将孙夫人强行接回去，还准备把我的儿子阿斗带走。幸得诸葛亮及时发现，他派张飞、赵云带兵在长江截住东吴船队，成功夺回我儿，才没有酿成大错。

在此，玄德代表我以及我的家人，向张飞、赵云两位将军以及军师诸葛亮表示最诚挚的感谢。

刘备

智者为王
ZHIZHE WEI WANG

智者无敌 王者为大
第2关

1. 刘表死后，谁继承了荆州牧的位置？
2. 刘琦采用什么计策，让诸葛亮给他出了个主意？
3. 被称为"江东猛虎"的是谁？
4. 刘琮投降曹操后，刘备在哪里被曹操的追兵打败？
5. 刘备的谋士中，因为母亲被俘被迫进了曹营的是谁？
6. "碧眼儿"是谁的别称？
7. 赤壁位于现在哪个省份？
8. 诸葛亮的第一个正式官职是什么？
9. 东吴群臣里面主张投降曹操的代表人物是谁？
10. 周瑜真的是被诸葛亮气死的吗？真实情况是怎样的？
11. 背叛刘璋，迎接刘备入川的是哪两个人？
12. 东吴来抢人时，是哪两个人将阿斗成功抢了回来？
13. 东汉交州的地理范围除了今中国的广东和广西外，还包括哪个国家的中部和北部？
14. 刘备夺取益州后，将哪两项产业收归官营？
15. 诸葛亮是依照哪部法典治理益州的？

第 7 期
公元215年—公元219年

荆襄剧变

诸葛亮 著

穿越必读 CHUANYUE BIDU

　　刘备在巴蜀站稳脚跟后，关羽又水淹七军，威震天下。眼看刘备的势力范围越来越大，孙权深感不安，转身与曹操达成合作。诸葛亮苦心经营多年的孙刘联盟就此瓦解。

荆州一分为二
——来自荆州的特别快报

（本报讯）听说刘备得了益州，孙权有些眼红，便派诸葛瑾到荆州，要求刘备把荆州还给东吴。

但刘备好不容易才取得益州，怎么舍得把荆州还回去呢！他不好意思直接拒绝，就委婉地说了一句："等我取了凉州再说吧！"

孙权一听，肺都气炸了：这等你取了凉州，还不得猴年马月啊。这不摆明了要无赖，不想还吗？于是他派了几个官员，直接去荆州走马上任。

镇守荆州的关羽也不是吃素的，直接把他们赶了回去。

眼看双方就要干仗，这时，曹操那边传来一个消息，汉中的张鲁向曹操投降了！

那曹操的下一步不就是进攻益州了吗？刘备心里一着急，就和孙权讲和了。双方约定以湘水为界，把荆州一分为二，西边的归刘备，东边的归孙权。

荆州的纠纷这才暂时告一段落。

刘备成了汉中王

出人意料的是，曹操攻占汉中后，并没有接着攻打益州，反而领着主力回许都去了，只留下一部分兵力镇守汉中。

聪明的法正马上意识到，曹操这么做，一定是因为他的内部出了问题，便建议刘备趁这个机会进攻汉中。刘备同意了。

镇守汉中的魏将夏侯渊是曹操的发小，英勇善战。两军相持一年多，久攻不下，刘备急得要命，便写信给诸葛亮要求发兵援助。

可是，益州留下的兵马本就不多，要是全都派去攻打汉中，成都怎么办？诸葛亮接到书信，有点犹豫，便去问功曹杨洪。

杨洪说："汉中是益州的咽喉，关系到益州的存亡。如果没有汉中就没有蜀地！以当前的情况来看，我们必须不惜一切代价拿下汉中，您还迟疑什么？"

诸葛亮于是发布命令，动员蜀地所有壮丁上前线。刘备得了援兵，士气大增，立刻向魏军的大本营——定军山发起总攻。

战斗中，老将黄忠虽然头发、胡子都白了，却老当益壮，一刀就把夏侯渊给砍了。等曹操急急忙忙率兵赶来，刘备已经占领了多个山头。

又继续耗了一个多月，魏军的粮草供应不上，逃亡的士兵越来越多。而刘备这边，因为有诸葛亮的支援，兵精粮足，还能撑上几个月。曹操觉得再耗下去没什么意义，就灰溜溜地撤兵了。

两个月后，刘备在诸葛亮等人的拥护下，封自己做了汉中王。

百姓茶馆

BAIXING CHAGUAN

荆州丢了，关羽死了，谁之过？

东吴小贩 张麻子：哎呀，你们知道吗？荆州被东吴抢走了！镇守荆州的关羽也被孙权杀了！想想前不久，关二爷还水淹七军，把曹操吓得要死。没想到……唉，真是世事无常啊！

益州朱公子：这事要怪就怪关二爷自己，要不是他以前拒绝和孙权结为儿女亲家，得罪了孙权，孙权会答应和曹操合作吗？当然了，话说回来，主要还是东吴那边主张联刘抗曹的鲁肃去世了，接替他的人认为刘备那些人反复无常，想把荆州夺回去，孙权才和曹操达成合作。

荆州夏掌柜：我真是替关二爷不值啊！他都发动战争好几个月了，益州那边却一点动静也没有——以某人的智慧，他不可能看不到关羽面临的危机啊，但他就是见死不救！你们说，会不会是他故意借东吴之手置关二爷于死地？

荆州王公子：你们这是"以小人之心度君子之腹"！这事怎么能怪在孔明头上呢！谁会想到，短短几个月，就发生了这么大的变故！连曹操都一下子没反应过来，那诸葛亮又不是真神仙，还能长了翅膀，马上飞过去不成？

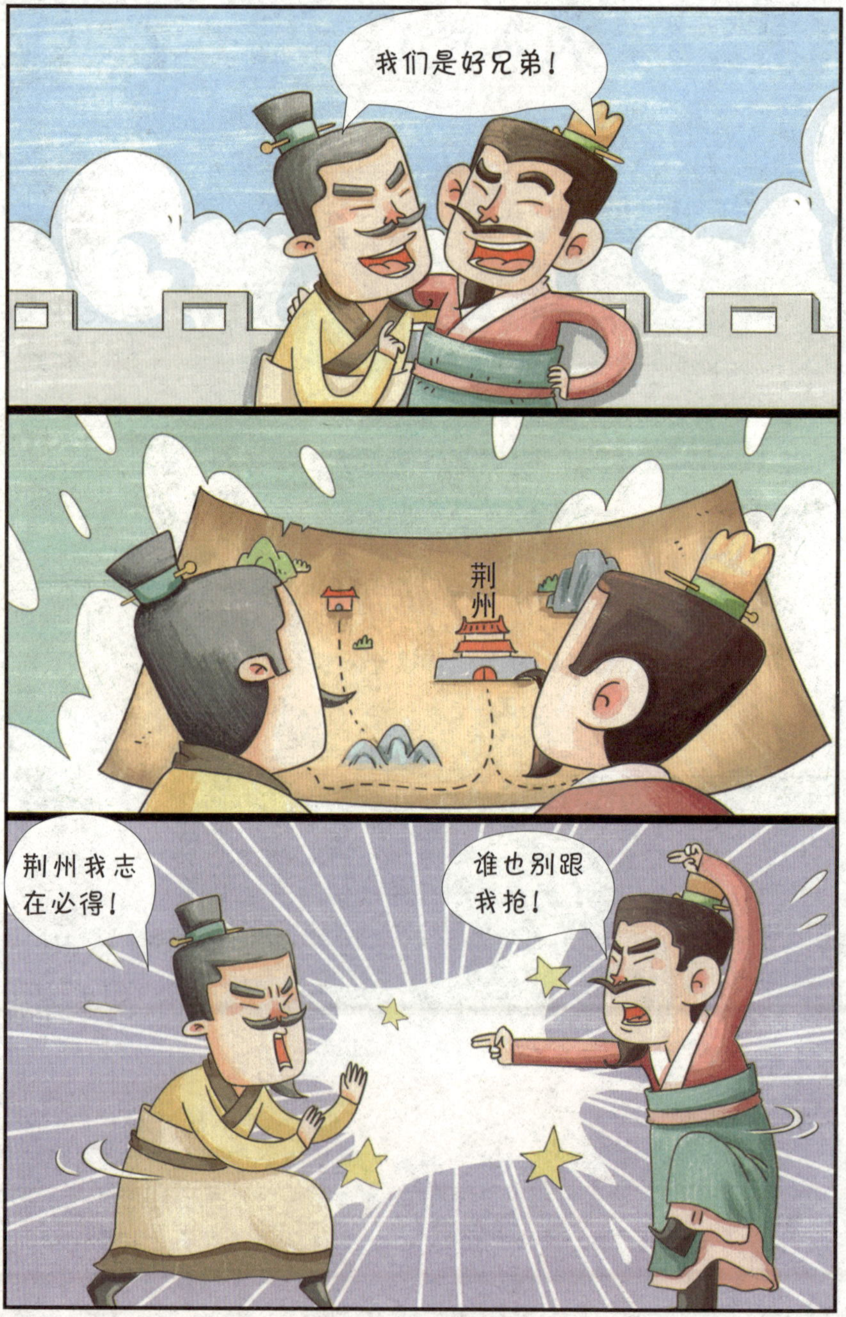
我们是好兄弟！
荆州
荆州我志在必得！
谁也别跟我抢！

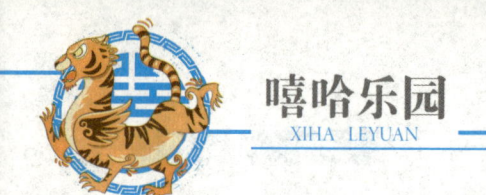

刘封见死不救，被赐死

关羽死了，荆州也没了，刘备知道后痛哭流涕。

这时有人跟刘备告状说，若不是某人见死不救，关羽不会死，荆州也不会丢。刘备一听火冒三丈，因为这个见死不救的人正是他的养子——刘封。

说起来，刘封也很倒霉。刘备还没有阿斗的时候，一直把他当继承人培养。可自从亲生儿子阿斗出生后，刘备就对这个养子爱搭不理了，最后还嫌他碍眼，把他打发得远远的，派他驻守边防去了。

刘封心里窝着一肚子火，只能找自己的手下撒气，弄得手下那帮将士敢怒不敢言。尤其是二把手孟达，他受气最多，怨气也最大。

估计关二爷对刘封的态度也不太好，所以，关羽向他求援的时候，他想也没想就拒绝了：我们的兵本来就不多，都去增援你，自己的驻地失守了怎么办？再说了，你并不是我们的上级，凭什么要我听你的啊！这之后，关羽就出事了。

听说是养子把兄弟给坑了，刘备立马要找他算账。

刘封一慌，想把二把手孟达拉出来当"背锅侠"。孟达担心刘备听信养子的一面之词，自己是死路一条，情急之下投奔了曹操。

临走之前，孟达给刘备写了一封信，说自己是如何被刘封欺负，又是如何不得已才离开。然后，他又给刘封写了封信说：

龙虎风云
LONGHU FENGYUN

"您和刘备也不是亲生父子，刘备是不会重用您的，不如跟我一起降了曹操吧。"

这不是挑拨离间吗？刘封气得把信撕了，要与孟达决一死战。

谁知，其他的手下也早就对他心怀不满了，他们和孟达里应外合，把刘封打得措手不及，落荒而逃。

回到成都，刘备见他灰头土脸的，气不打一处来：你不去增援关羽就算了，还逼反孟达，丢了驻地，简直是找死！

诸葛亮本来就担心刘封性格冲动，怕刘禅这个弟弟以后驾驭不了他，就劝刘备趁这个机会把刘封杀了。

据说刘封被赐自杀后，后悔莫及，说："唉，早知如此，我该听孟达的话啊！"

其实刘封死后，刘备也哭得死去活来。唉，虽然不是自己的亲生儿子，好歹也跟了自己十几年，多少还是有点父子之情的啊！

我跟你们拼了！

快马传书
KUAIMA CHUAN SHU

我没有真的想造反

编辑老师：

您好。我是彭羕（yàng），是益州本地人，你可能不认识我。我以前在刘璋手下做事时，得罪了一批人，被剃过光头、罚过苦力。后来经庞统先生推荐，在蜀汉做了大官。

本来日子是越过越好，可后来刘备不知道听信了谁的谗言，将我贬为一个地方太守。我心中不爽，跑去和马超喝酒，喝多了，就和他开玩笑说，如果我们联合起来，说不定能夺取天下。结果马超那个蠢驴，跟刘备说我想造反，把我抓进了大牢。

其实我真正的意思是，要和马超一起对付曹操，并不是想造反。前天我给诸葛亮写了一封信，向他解释，希望他能看在老同学庞统的面子上，免我一死。

我才三十七岁，真的不想死啊！

彭羕于牢中

彭大人：

您这会儿才求饶，已经来不及了。虽然您有能力有才华，但您这张嘴，说实话，已经得罪了不少人。

您知道您的大官是怎么被免掉的吗？就是因为诸葛亮。诸葛亮慧眼如炬，早就看出您有问题。刘备经他提醒后，观察过您一段时间，才把您下放。如果您能真心悔改，他们还是会照用不误。谁知您变本加厉，怂恿马超"造反"，这不是罪加一等吗？

现在，就算您夸诸葛亮是姜子牙再世，也没用了。希望您的死，能让益州其他官员引以为戒吧！

编辑☆穿越
编辑部

名人来了

越越（简称越）大嘴记者

汉中王刘备（简称备）特约嘉宾

嘉宾简介： 从一个卖草鞋的小商贩，到现在响当当的汉中王，这一路他走了三十多个年头。眼看就要大功告成，关键时刻，老天爷却带走了他最好的兄弟和最得力的大臣。今后的路，他该何去何从呢？

越：皇叔……

备：（哭）呜呜呜……小记者，我现在没有心情接受采访！

越：皇叔节哀！要是关二爷在天之灵知道您这么伤心，一定会死不瞑目的！

备：我哭的不只是二弟啊！还有法正，前不久他也病死了。

越：啊，他才虚岁四十五呀！这还真是天妒英才啊！

备：可不，他这一死，好比砍掉了我的一双翅膀啊！

越：您这说得也太严重了，您不还有军师吗？难道在您心目中，法正比军师还重要？

备：（抹掉眼泪）你别瞎说，我可没这意思。

越：那为何您每次出征，带的都是法正，不是军师呢？

备：他们两个分工不同，法正主要是陪我外出打仗，军师主要是帮我搞好后方建设。对我而言，二者缺一不可。

越：既然如此，那为何法正被封为尚书令（相当于丞相），军师却没有升官呢？

备：上次没有升官的不单单是他一人，赵云也没有。

名人来了

越：啊，连黄忠都加封为后将军，赐关内侯了，赵云却没有？赵云比黄忠更有能力啊。

备：你不懂，赵云还年轻，可以留给阿斗重用。黄老将军年纪一大把了，再不给他机会，就没机会了。

越：那军师也是因为太年轻，所以先观察观察？

备：对。我既然称王了，每做一件事，都必须考虑周全点。

越：原来如此——啊，我还有一个问题，既然在蜀地，您为何不称"蜀王"，而是称"汉中王"呢？

备：当年高祖皇帝刘邦被项羽封为汉王后，才成就帝业。我想以他老人家为榜样，继续我们大汉的辉煌与荣耀。

越：您的意思是，要和当今皇帝划清界限，另立门户了？

备：（头摇得跟拨浪鼓似的）没有，没有。我只是和曹操划清界限。曹操几年前就当上魏王了！

越：曹操现在比皇帝还威风，称个王算什么！

备：哼，当年高祖皇帝定了个规矩，只有姓刘的人才有资格称王，如果不姓刘也称王，那就是造反！

越：噢，所以您称王，为的是对付曹操匡扶汉室了？

备：那是当然。

越：那赶紧告诉皇上啊！皇上还盼您回去救驾呢！

备：（眼神黯淡）唉，惭愧啊！我现在是心有余而力不足啊，能守住眼前的一亩三分地就不错了。

越：也是。不管怎样，您现在的地盘比孙权的还大，离军师最初给您制定的目标又近了一步。好日子就要来啦！

备：（泪眼汪汪）真的吗？那老天爷为何如此戏弄我，抢走我的二弟和法正……

越：（赶紧溜）今天的采访就到这里，再见！

广告小铺

老朋友，一路走好

　　东吴伟大的战略家、外交家鲁肃于近日不幸因病去世。孙刘两家的和平与友谊能持续到现在，离不开鲁公的努力。在此，我，诸葛亮代表蜀地及荆州人民向鲁公表示感谢，并致以沉痛的哀悼。

　　老朋友，一路走好！

诸葛亮

紧急招募令

　　为了拿下汉中，益州牧刘备在前线跟敌人耗了数月，现急需向民间征兵。凡我蜀中百姓，不论男女，只要身体健康，有点力气，都可以到军事处来应征。男的可以当兵作战，女的可以为大家洗衣做饭、运输粮草。为保卫我们的家园，请大家不要迟疑，快快前来报名！

益州府军事处

大力推行火井煮盐新技术

　　井盐是巴蜀地区最重要的物资之一。传统的煮盐法是用木炭作为燃料熬制，效率低下。诸葛丞相倡导并大力推广的火井煮盐技术（即用天然气替代木炭当燃料），不但大大提升了煮盐效率，提高了井盐产量，而且天然气比木炭更卫生、节能。望蜀汉各地大力推广此技术。

蜀汉朝廷

第8期
公元220年—公元223年

开国之相
诸葛亮

穿越必读 CHUANYUE BIDU

刘备为了给关羽报仇，与东吴展开夷陵之战，不幸战败，并于不久后去世。留给诸葛亮的，是一个虽已建立但根基不稳的蜀汉政权，还有一个年幼的接班人……一个属于诸葛亮的时代就这样开始了！

顺风快讯
SHUNFENG KUAIXUN

曹丕"篡夺"大汉江山
—— 来自洛阳的特别快报

（本报讯）曹操晏驾（指王侯去世）之后，延康元年（220年）十月，洛阳传出一个爆炸性的消息——

给曹操当了一辈子傀儡的汉献帝刘协，将皇帝的宝座"让"给了曹操的儿子曹丕！曹丕接受禅让后将国号改为魏（史称曹魏），定都洛阳，之后他还杀了汉献帝（史书记载，曹丕将汉献帝降为山阳公，流放到山阳去了）。

有着一百九十多年历史的东汉，就此灭亡了！

消息传来，举国哗然。要知道，曹操生前怕大家说他篡位，一直不敢称帝。如今，曹丕不仅把他爹不敢做的事全部都做了，还霸占了汉朝的江山！简直是岂有此理！

消息传到巴蜀，刘备悲痛不已，立马给汉献帝办了一个追悼会，并追尊其谥号为"孝愍（mǐn）皇帝"。葬礼上，刘备哭得一把鼻涕一把泪，发誓要与逆贼斗争到底，把大汉江山夺回来！

只是，现在连汉朝都没有了，刘备拿什么招牌带领大家匡扶汉室呢？

> 来自洛阳的特别快报！

刘备也当皇帝了

"你们知道吗？有预言说，益州将出现天子！"

"可不，据说预言里面，有'玄'和'备'的字眼。"

"难道，这个真龙天子是指'刘备'，也就是'刘玄德'？"

这段时间，关于"益州将有天子出现"的预言传遍了整个益州。不用说，诸葛亮他们也早就听说了这个预言。

话说自从刘协"死"后，大伙儿是左右为难——继续追随刘备吧，会被"朝廷"视为造反分子；投靠"朝廷"吧，又好像对不起以前的大汉。现在既然连预言都这么说，那还等什么呢！

于是，诸葛亮等几百名官员集体上书，请刘备当皇帝。

只有大臣费诗强烈反对说："曹操父子篡位，我们骂人家是汉贼，口口声声要讨伐他。现在我们自己也称帝，不是打自己脸吗？"刘巴等人也表示，应该缓一缓再说。

刘备开始也"推辞"不要，诸葛亮劝道："现在曹丕篡位，全国人民都对他恨之入骨，只是没有一个带头人。大家跟着您出生入死，也是为了干一番事业，如果您再推三阻四，恐怕大家就会去寻找新的主人了。"刘备听了这话，这才勉强答应。

曹魏建立后的第二年，六十岁的刘备在成都郊外举行了称帝仪式，立刘禅为皇太子，正式建立了一个新的大汉（史称蜀汉）。四十岁的诸葛亮则从一介军师荣升为丞相，成为众臣之首。

刘备托孤白帝城

刘备称帝后的第一件事就是，率军杀向东吴，为关羽报仇。

孙权求和不成，只好一面向曹魏称臣，一面派年轻将领陆逊领兵应战。双方相持七八个月后，蜀军被陆逊打得狼狈不堪，就连刘备也差点被活捉了。

刘备退到白帝城（今重庆市奉节县）后，一直闷闷不乐，不久就一病不起。他知道，自己这是要去见二弟关羽和三弟张飞了，于是让人日夜兼程赶到成都，把诸葛亮请了过来。

两人见了面，回忆起过去并肩战斗的点点滴滴，不由泪如雨下。

想起自己好不容易打下的基业，刘备一阵心酸，握着诸葛亮的手，恳切地说："老弟，以后蜀汉就全靠你了！你的才能胜过曹丕十倍不止，一定能安邦定国。也不知道我儿子阿斗能不能成器，如果你觉得他行，就辅佐他；如果觉得他不行，你就自己来当皇帝吧。"

诸葛亮吓了一跳，赶紧哭着跪倒在地上："主公您放心吧，我一定会像辅佐主公一样，好好辅佐太子，一直到死为止！"

接着，刘备又给十七岁（虚岁）的太子刘禅下了一份遗诏，叫他们兄弟要像对待父亲一样对待丞相诸葛亮。

刘禅继位后，封诸葛亮为武乡侯，兼益州牧。从此，一个属于诸葛亮的时代开始了。

嘻哈乐园
XIHA LEYUAN

先生，当年朕三顾茅庐时，您的"隆中对"不是说朕能一统天下吗？那为什么现在会失败？

这个……"隆中对"，在隆中自然是对的，到了益州就……

……

百姓茶馆
BAIXING CHAGUAN

刘备是不是糊涂了?

王老二： 自古以来，哪个当皇帝的，不想将皇位传给自己的子孙，然后让子孙们世世代代地传下去？可刘备死前竟然对诸葛亮说，如果自己的儿子不成器，"这帝位，你想要就拿去吧"。你们说，这刘备是不是病糊涂了？在说胡话？

赵掌柜： 非也，非也，刘备不仅不糊涂，还狡诈得很。他不这么做，诸葛亮会向他表忠心吗？而且，托孤大臣除了诸葛亮，还有尚书令李严。刘备这么做，就是用李严来制约诸葛亮，不想让他一个人拥有过大的权力。

杜书生： 你们都是"以小人之心，度君子之腹"。这君臣两人都是一颗红心为蜀国、为百姓。若刘备不是真心，诸葛亮这么聪明的人，又怎么会看不出来呢？日久见人心，大家走着瞧好了！

姜大爷： 你们都错了，刘备不是不放心诸葛亮，是不放心他那个年幼的太子。太子几斤几两，他这做爹的最清楚。儿子指望不上，那就只能指望丞相了。说白了，这一切，都是为了蜀国啊！

快马传书

KUAIMA CHUAN SHU

诸葛亮为什么不投降?

编辑老师:

你好!如今,刘备死了,比刘备更厉害的孙权也向我称臣了。照理,蜀汉那边群龙无首,又穷得叮当响,也该去掉那不该有的帝号,向我称臣了。

为表诚意,我派了好几个名人给诸葛亮写信,劝他臣服。可那诸葛亮不仅不搭理,还写了一篇文章将我骂得狗血淋头——具体骂什么,我就不说了。我要不是身体和心理素质过硬,肯定会被他气死。

好吧,不投降就算了,我倒要瞧瞧,一个就会耍笔杆子、耍嘴皮子的人,有什么能耐!跟我们大魏对抗,哼!

魏国皇帝 曹丕

陛下:

不好意思,诸葛亮的那篇文章我也看过了,文中说,当年项羽对百姓不够仁慈,结果身败名裂;如果魏国不汲取他的教训,也会自取灭亡;可有那么几个人,一把年纪了,还"认贼作父",真是不知羞耻;还说什么"如果有一万名士兵,抱着必死的决心,就可以天下无敌,更何况我们有几十万兵马",等等。

从这封信的内容来看,直到今天,他仍然认为您不过是篡夺大汉天下的"乱臣贼子",只有刘备代表的蜀汉才是正统。

一个人的思想观念若是定了型,就很难改变。听说您的父亲也曾给诸葛亮送过礼物,希望他能投降,他也没有答应。恐怕在您的有生之年,诸葛亮投降这种事都不会发生了。

至于他有什么能耐,刘备已经把儿子和江山都托付给他了,我们就拭目以待吧!

编辑 穿越

名人来了
MINGREN LAI LE

越越（简称越）大嘴记者

诸葛亮（简称亮）特约嘉宾

嘉宾简介： 蜀汉的第一任丞相，兼任益州牧。作为孙吴联盟的支持者，他为什么没有阻止刘备伐吴？刘备之死，跟他有没有关系……让我们一起走近孔明先生，听听他是怎么说的吧。

越：小亮哥，您这个丞相府可真大啊！请问这就是您专属的工作场所吗？

亮：对，这个是皇上特别为我成立的。府里设了军事、行政、经济、交通、外交、人事等十三个部门。

越：这么多部门，您一个人管得过来吗？

亮：我又没有三头六臂，当然要其他人帮忙了。来给我帮忙的官员，都是我亲自挑选的。

越：哇，还有这样的特权啊！那您现在岂不是和曹操一样，都是一人之下万人之上啊！

亮：我跟他才不一样呢！他那是自封的，自个儿给自个儿脸上贴金。我这是先帝和皇上给的。

越：没什么不同啦，反正权力都比皇帝的大。

亮：权力越大，责任也越大。你不觉得，我比以前忙多了吗？

越：那倒是，约了您好几次都没约到。说实话，您有没有后悔当初没有拦住先帝？不该让他攻打东吴啊！

亮：（摇头）先帝出了名的讲义气，他要为兄弟报仇，谁能拦得住？！

名人来了

越：可他报仇的对象是东吴啊！您以前不是一直提倡联孙抗曹吗？他这么做，不就破坏您的计划了吗？
亮：以前是以前，现在是现在。以前我们要一起联合对付曹操，自然不能闹崩；现在是孙权和曹操联合在背后捅了我们一刀，我再到处吆喝孙刘联盟，那就不合时宜了。

越：也是，而且您还有个哥哥在东吴。
亮：对啊，这事万一处理得不好，别人会说我吃里爬外，弄不好，连我哥也会被连累。

越：确实有人向孙权告密，说你哥有问题。要不是孙权信任他，他跳进黄河也洗不清。
亮：要是法正还活着就好了。

越：他活着能改变什么吗？
亮：你不知道，先帝最听他的话。要是他还活着，肯定能拦住先帝。就算拦不了，有他给先帝出谋划策，也不会输这么惨！

越：您不是会算卦吗？去之前没给他算一卦吗？
亮：唉，算出来又如何？东吴这次欺人太甚，不给他们点颜色看看，以后不就任由他们欺负了吗！

越：说得也是。
亮：本来，我想这次最坏的结果，大不了就是和孙吴讲和，谁知……唉，先帝终究是年纪大了，精力不行了！

越：这场战争你们死了不少人吧？
亮：唉，岂止是这场战争，这几年我们死的人多了。你看，许靖死了，刘巴死了，马超也死了……而且死的全都是我们元老级的人物！

越：怪不得您这府里现在基本都是新人——不过，换个角度想，说不定新人会带来新气象呢！
亮：但愿如此吧。唉，今天就聊到这儿吧，我还有很多事要忙呢，就不陪你了。

越：丞相保重，再见！

广告小铺

嘉奖令

汉嘉太守黄元野心勃勃,趁丞相去白帝城探望陛下之时,举兵反叛。若不是太子及时出兵讨伐,将黄元活捉,不知会酿成什么大祸。现对太子等人进行封赏,以示嘉奖。

蜀汉朝廷

诸葛亮推荐的必读书目

本店新进一批图书,分别是《申子》《韩非子》《管子》以及《六韬》等,都是丞相为太子推荐的经典著作。

为了让太子好好学习,丞相还把十万字的《韩非子》完整地抄了一遍。太子看了这些书,进步神速,令皇帝特别欣慰。还等什么呢?快来买一本瞧瞧吧!

小平书屋

讣告

先帝因病医治无效,不幸于章武三年(223年)四月驾崩(指帝王去世),享年六十三岁。因先帝生前专门交代,凡事以国事为重,所以他的丧事一切从简,只办三天。三天后,一切都恢复常态。望大家遵照执行。

蜀汉朝廷

第 9 期

公元223年—公元225年

定蜀神计

诸葛亮

穿越必读 CHUANYUE BIDU

作为中国历史上最有名的政治家之一，诸葛亮对内严明法纪，奖励耕战；对外实行和夷政策，与东吴恢复联盟。没几年，蜀国的实力大大增强，为不久的北伐奠定了一定的基础。

顺风快讯

南中叛变了
——来自益州的特别快报

（本报讯）刘备一死，益州南中一带有个叫雍闿的人就叛变了。

他四处散播谣言，说官府要向当地征收三百条狗，要求胸前全都是黑色的；还要三千根木头，要求全都是三丈以上的。

南中生活的大都是羌人、夷人等少数民族。首领们以为官府成心刁难他们，纷纷起来造反。

他们杀死当地太守，还把成都派去的新太守张裔像捆粽子似的捆了，送给了孙权。孙权也顺水推舟，给雍闿封了个太守。

诸葛亮让李严写了好多信，劝雍闿不要造反。

雍闿却回信说："现在天上有三个太阳，地上有三个大王，我们这些乡巴佬真的不知道该听谁的啊！"言外之意，自己想当土皇帝。

雍闿一反，其他夷人和官员也跟着起兵造反。这样一来，南中失控，蜀汉失去了大量土地，边疆不稳。

龙虎风云
LONGHU FENGYUN

蜀国的头等大事

雍闿造反，好多将领都嚷嚷着要去平叛，诸葛亮却坚决不同意。他认为，现在蜀国的头等大事，应该是"务农殖谷，闭关息民"（意思是停止战争，发展农业）。

这些年来，由于战乱和自然灾害不断，老百姓背井离乡，四处逃难，很多田地无人耕种，成了荒田。

为了解决这些问题，诸葛亮制定了一系列鼓励耕种的措施：把那些没有主人的田地集中起来，分给流亡的百姓耕种；禁止各级官员向农民征收苛捐杂税，不能随意兼并土地；士兵空闲的时候，也要下田种地，自己解决军粮问题……蜀地因此掀起了一阵种田垦荒的热潮，粮食产量大大增加。

农业的发展，给蜀汉的织锦业也带来了繁荣。蜀地制成的锦因为工艺精湛、花色华美，深受富人的喜爱，在魏、吴两地有一大批粉丝。为了给蜀锦织造提供原料，诸葛亮不仅鼓励百姓种桑养蚕，还亲自带头，在住宅附近栽种了八百多棵桑树。他还专门设置了锦官和锦城，负责蜀锦的生产和买卖。远远望去，锦城到处都是绿油油的桑树；走近一听，家家都是嘎吱嘎吱的机杼声。就这样，白花花的银子就像流水一样流进了蜀国。

而蜀汉的都城成都，则变成了一个繁荣富饶的大都市。千百条道路在此交会贯通，道路两旁的商铺数不胜数，精美的商品堆得像星星一样繁密。街上车水马龙，到处是叫买声、谈笑声，据说有的商品还卖到了遥远的西域呢！

百姓茶馆
BAIXING CHAGUAN

厉行节约的诸葛亮

你们知道吗？丞相颁布了一条法令，要求大家向他的偶像孙叔敖学习。这孙叔敖是谁啊？我们向他学习什么呢？

小兵王大牛

孙叔敖是春秋时期楚国的令尹，权力仅在楚王之下。他一生清正廉洁，坐了三年马车，都不知道自己的马是雄还是雌。他的妻子和孩子从来不穿绫罗绸缎，家里的马也从不吃小米这一类的上等饲料。家里可以说是穷得叮当响，就连他去世时，棺材都没有准备一口。

书生常某

现在你们明白了吧？这是要大家改改奢侈浪费的风气！丞相自己就长期过着艰苦朴素的生活。皇帝赏赐给他的财物，他不是封存在府里，就是赏给我们这些下人，而他的妻子却连多余的衣服都没一件。

丞相府门卫

怪不得现在当官的一个个都穿的是粗布衣裳，吃的是粗茶淡饭，有的甚至出入连车都不坐了，原来都是丞相的功劳啊！

盐商老六

快马传书
KUAIMA CHUAN SHU

邓芝到底搞什么鬼?

编辑老师：

　　你好。这些年来，蜀、吴两国虽然表面讲了和，实际彼此还是心怀戒心。而我已经被曹魏封为吴王，名义上是曹魏的臣子。

　　前几天，诸葛亮突然派了个叫邓芝的使臣，给我送来很多礼品，并请求拜见我。我不想得罪曹魏，不肯接见他。

　　谁知那邓芝却主动给我写了个小纸条说，他这次来，不光是为了蜀汉，更是为了东吴！我要是不见他，我就亏大了！

　　我心里有点奇怪，他们蜀汉皇帝年纪小，实力又弱，明显是泥菩萨过江——自身难保了，还怎么能为东吴着想？邓芝到底搞什么鬼？

东吴 孙权

吴王：

　　您好。如今天下三分，实力最雄厚的还是魏国，无论是蜀国还是吴国，单打独斗都不是它的对手。所以，您担心一旦蜀国被曹魏打败，东吴也会跟着遭殃，对吧？

　　那您有没有想过，蜀国有诸葛亮，有高山险谷，吴国有您，有长江天险，你们两家若联合起来，是完全可以跟魏国抗衡的。

　　但如果您继续向魏国称臣，魏国今天要您入朝朝拜，明天让您送儿子去做人质。您若不听，魏国就会以"违抗命令"为由讨伐您。若真到了那一步，蜀国再来一个"趁火打劫"。那遭殃的岂不是东吴吗？

　　如果你们想继续保持这三分天下的局面，只有重新携起手来对抗曹魏，你们才可能有条活路。祝你们成功！

编辑 守芳
编辑部

　　孙权接见邓芝后，立马与魏国一刀两断，高高兴兴地与蜀汉和好了。事后，他给诸葛亮写信说，能使两国再次联合的人，只有邓芝。

嘻哈乐园
XIHA LEYUAN

七擒七纵，孟获终于心服口服

和东吴搞好关系后，诸葛亮没有了后顾之忧，便于蜀汉建兴三年（225年）春天，带领大批蜀军去征讨南中。

出发前，参军马谡（sù）为他送行，走了十多里，还依依不舍。马谡是诸葛亮好友马良的弟弟，平时没事就喜欢读兵书。

诸葛亮问他："我要去打仗了，你有什么话要跟我说吗？"

马谡说："南中这个地方地势险要，离我们的都城又远。今天即使把他们征服了，估计明天他们还是要造反。与其征服土地，不如征服民心啊。"

诸葛亮点点头："说得好，就照你说的办。"

诸葛亮领军来到南中后，一连打了好几场胜仗，平定了好几方叛乱，雍闿也被杀了。

诸葛亮听说有个叫孟获的少数民族部落首领在南中很有威望，便决定收服他。

于是，在与孟获军对阵的时候，诸葛亮故意让蜀军输了一场，然后转头就跑。孟获一看，原来蜀军也就这点能耐啊，拔腿就追，结果中了诸葛亮的埋伏，被活捉了。

蜀军押着孟获，来到诸葛亮的大营。诸葛亮和和气气地给他松了绑，又劝他投降。

孟获不服气："我不小心才中了你的埋伏，怎么能向你投降？"

不服气没关系，诸葛亮就陪他在蜀营里遛了一圈，看看蜀军

龙虎风云

的阵容。谁知这孟获看了，还是不服气："你们的阵势也不过如此嘛，你要是放我回去，我一定能打败你。"

"行，那你回去吧。"诸葛亮说着就把孟获放了。

孟获是个有勇无谋的人，第二次进攻蜀军的时候，又被活捉了。这次，他依然厚着脸皮说："有本事你再放了我，下次我一定能打败你！"

"行，那你回去再好好准备准备。"诸葛亮再次大度地将他放了。

谁知第三次，孟获依然被活捉了。

……

就这样，孟获前前后后一共被诸葛亮活捉了七次。到第七次的时候，诸葛亮还打算放了他，孟获又感动又羞愧，眼泪汪汪地说："丞相抓我七次，又放我七次，我输得心服口服。我们南中的各部落以后再也不造反了！"

孟获回去后，说服南中各个部落向蜀汉投降。于是，南中重新回到了蜀汉的怀抱。

我心服口服！

名人来了

越越（简称越）大嘴记者

诸葛亮（简称亮）特约嘉宾

嘉宾简介： 作为蜀汉这条大船的掌舵人，他的理想是让百姓过上安定的生活，让大汉王朝恢复往日的荣光。为此，他放弃了个人的荣华富贵，一心一意追求他心目中的伟大事业。

越：丞相，我约了好几次您都没见，最近是不是特别忙啊？

亮：可不，现在还有一大堆文案要校对呢！（指指桌上的文案）

越：这种小事，何必劳您大驾呢！完全可以交给别人嘛！

亮：先帝将整个国家托付给我，我怎么能把这些事推给别人呢？

越：这治国跟治家是一个道理。您作为主人，只要分配好工作就可以了。比如牛耕地，马拉车，狗看门，大家各管各的就行。如果大事小事您都要亲力亲为，那不得累坏啊？

亮：凡是我能做到的，我都应该尽力去做，这样才不会辜负先帝对我的恩德啊！

越：力气要放在该放的地方。您身为一国之相，最重要的事应该是为国家选拔人才。

亮：选拔人才不难，难的是管理人才。这管理人才就像种庄稼，要想禾苗茁壮成长，必须除去其中的杂草。

越：难道你们队伍里有杂草？

亮：林子大了，什么鸟都有。比如廖立，仗着自己年轻有才，总是口出狂言；来敏呢，则仗着自己资历老，总是不服从安排，这样就很影响团结。

名人来了

越：没事，有您管着他们，谅他们不敢乱来。

亮：可一旦我出去打仗，就没人敢管了。所以我把他们都罢了官，贬为平民了。

越：这样也好。我听说魏延和杨仪的关系也很糟糕，见面就吵。

亮：这两人现在还忌惮我，不敢闹得太凶。这要是哪天我死了，不知道会出什么事！

越：大吉大利！您这才刚刚平定南中，高兴还来不及，提什么死不死的呢！

亮：也是，南中还有一大堆事等我去安排呢！

越：您打算派谁去管理南中呢？

亮：谁也不派，我打算让南中人自己管理自己。

越：啊，那您不怕又出乱子吗？

亮：怕就不出乱子了吗？你不信任他们，他们也不会信任你，倒不如放手。只要他们服从朝廷，不闹事，我们就善待他们。时间久了，他们自己就会安定下来了。哪个百姓不想过安生日子呢？

越：噢，原来您是这么想的。像曹操、孙权他们才不这么干呢，他们对付少数民族，就一个手段"杀"！

亮：杀有什么用，只会让汉族和少数民族的积怨越来越深，该解决的问题还是没有解决。

越：说得没错。

亮：而且这次到南中，我还有个意外收获。我发现少数民族虽然民风剽悍，但个个英勇善战，不怕牺牲，是当军人的好苗子。所以我决定从这些部族里面选一些人出来，组建一支无当飞军，当特种部队用用。

越：这个主意倒是不错。用好了，就是一个大杀器！

亮：哈哈，没错。糟了，我都忘了还有校对的活儿没干完，今天就聊到这儿吧。

越：……好吧，丞相注意身体啊，保重！

广告小铺

宴请函

原益州太守张裔才华过人，在南中叛乱时期被雍闿抓获献给了东吴，这些年我一直牵挂着他。幸好孙权没有发现他的才能，才同意把他还给我们。为庆祝张裔和尚书邓芝顺利归来，今晚我将为他们摆一场接风宴，为他俩接风洗尘。请大家务必准时参加。

诸葛亮

神刀大促销

我店日前新进一批钢刀，由著名匠师"神刀"蒲元打造。蒲元技艺高超，曾应丞相之邀，为部队铸造了三千把军刀。他造的刀，是用专门运来的江水打制而成，劈开装满铁珠的竹筒就像割草般轻松，为当世精品。要买趁早，晚一步就没了！

神刀专营店

设置堰官

都江堰是秦朝时期建立的一个大型水利工程。干旱时，它可以引水灌溉；大雨倾盆时，它可以泄洪保田，是农民种田的好帮手。

为了保护好这个工程，现决定设置"堰官"，对大堰进行管理和维护，并征集一千两百名壮丁日夜驻守，以保证大堰的正常运行。

诸葛亮

智者为王
ZHIZHE WEI WANG

智者无敌 王者为大
第3关

1. 在孙刘约定中，荆州一分为二以哪条河流为界？
2. 刘备在哪场战争中打败曹操之后成为汉中王？
3. 关羽是被谁杀死的？
4. 是谁对关羽见死不救、被刘备赐死了？
5. 曹丕是在公元哪一年当的皇帝？
6. 刘备称帝时，哪一位大臣反对得最激烈？
7. 将刘备打败的东吴将领是哪一位？
8. 刘备在哪里去世的？
9. 诸葛亮去探望刘备时，是谁在成都发动了叛变？
10. 南中叛乱时，被叛军捆了送给孙权的太守是谁？
11. 让蜀吴两国成功破冰再次恢复联盟的使者是谁？
12. 蜀汉最受魏、吴两国欢迎的产品是什么？
13. 诸葛亮七擒七放的人是谁？
14. 诸葛亮平定南中后，创建了一支什么军队？
15. 诸葛亮设置了一个什么官职管理都江堰？

第10期

公元226年—公元228年

出师北伐

诸葛亮

穿越必读 CHUANYUE BIDU

为兴复汉室，诸葛亮开始出兵北伐。然而，因为错用马谡镇守街亭，第一次北伐遭受重创并最终失败。为稳定军心、严明军纪，诸葛亮公正无私地处决了马谡，并认真总结了这次北伐的经验教训，为下次北伐奠定了基础。

顺风快讯
SHUNFENG KUAIXUN

曹丕去世，诸葛亮上奏《出师表》
——来自蜀国的特别快报

（本报讯）曹魏黄初七年（226年），曹丕驾崩，新登基的皇帝曹叡（史称魏明帝）年轻缺乏经验，朝中局势有点动荡。一年后，诸葛亮给刘禅上了一本奏章，请求出师北伐，奏章的大意如下：

"我本是一介平民，在南阳亲自耕田。先帝不因为我身份低微，三次到茅庐来探访我，后来又在临终时，把国家大事托付给我，令我十分感动。

"这些年来，我总是担心自己做得不够好，有负先帝所托。现在南方已经平定，兵甲已经充足，也是我应该去讨伐汉贼，兴复汉室的时候了。这是先帝的遗愿，也是我的职责所在。"

奏章中还说，希望陛下光大先帝的美德，多多听取大臣们的意见，亲贤臣，远小人，赏罚分明，执法严明，以完成复兴汉室的大业。

记者仔细数了数，这篇名动天下的《出师表》，总共六百多字，却有十三次提到"先帝"，七次提到"陛下"，处处不忘先帝遗愿，时时为陛下着想，可以说是用心良苦。据说丞相一边写一边流泪，只是陛下是否听进去了呢？

> 来自蜀国的特别快报！

快马传书
KUAIMA CHUAN SHU

钻出一个新对手

编辑老师：

您好。您还记得孟达吧？当年他被迫投降，在魏国并没受到重用。这些年，我让李严给他写了几封信，希望他回归蜀国，配合我的北伐，早点起兵。据说他看了以后有点动心，但又有点迟疑，因为他不敢相信我们会接纳他这个叛徒。

他这么一犹豫，就坏事了。曹魏有人率先知道了这个事，并以闪电般的速度，斩杀孟达，让我的计划就此泡汤。

我真是万万没想到，曹丕死后，曹魏居然还有这么厉害的角色，你能帮我打探一下这个人是谁吗？

不知怎的，我隐隐约约地嗅到了一股危险的气息……

诸葛亮

诸葛先生：

您好。我帮您探听清楚了，这个人的名字您应该也听说过，他就是曹丕留给他儿子的四大托孤大臣之一——司马懿（yì）。

司马懿出身名门，年少时就聪明过人，曹操在世时，对他不怎么放心，没有重用他。但曹丕非常信任他，这些年来他一直跟随在曹丕左右。曹丕当皇帝后，他的地位也跟着升级。曹丕驾崩后，他被指定为四大托孤大臣之一，负责辅佐新皇帝。

您的感觉是对的，未来，他将会是您最强大的对手，也是您北伐路上最大的绊脚石！还请您打起十二分的精神来，千万不要掉以轻心呀！

马谡大意失街亭

蜀汉建兴六年（228年）春天，诸葛亮率军开始第一次北伐，并很快打到魏国和蜀国的交界处——祁山（位于今甘肃省内）。魏军被打得措手不及，纷纷叛逃。

消息传到洛阳，魏明帝大吃一惊，立即命左将军张郃（hé）带领三万兵马前去救援。

诸葛亮看了看地图，发现街亭（今甘肃天水东南街子镇）处于张郃的必经之路，于是派马谡做先锋，去那里拦截张郃。

虽然诸葛亮很喜欢马谡，常常跟他讨论兵法到深夜，但刘备生前对这人不怎么看好，还对诸葛亮说："马谡这人不大踏实，暂时还不能派他干大事。"

诸葛亮没把刘备的话放在心上，依旧派马谡去守街亭，只是再三叮嘱他说，一定要在路上扎营，守住城池。

马谡也没把诸葛亮的话放在心上，他来到街亭后，看了看地形，放着城池不守，却将军队驻扎在街亭旁边的一座山上。

副将王平见了，很不理解："山上扎营太危险，临走的时候，丞相交代过……"

王平说得口干舌燥，马谡却将他的话当作耳旁风。马谡认为，在山上驻扎，居高临下，刚好可以设置埋伏，伏击魏兵。王平拗不过他，就让他分给自己一些人马，去山下别的地方扎营。

张郃领着魏军风一样来到街亭，见蜀军不在城中，反而驻扎

龙虎风云

在山上，乐了，赶紧带兵包围蜀军，还把山上的水源也切断了，打算困死马谡。

马谡命令士兵分头往山下冲，人还没冲下去，却被魏军用箭射死了不少。时间一长，蜀军又渴又饿，仗也不打了，纷纷逃跑。

张郃趁机带着人马杀上山来，蜀军哪还有力气打仗，纷纷丢下兵器投降。

马谡知道街亭守不住了，带着人马杀了出去。张郃正要派人乘胜追击，不知从哪儿传来一连串的战鼓，好像有千军万马似的——原来是王平带兵赶来了。

莫非对方还设有伏兵？张郃心里一嘀咕，就鸣金收兵了。

王平等魏军撤走了，才带着人马往回撤，一路上还收了不少马谡的残兵败将。

街亭一丢，再也没有什么险要的地方能挡住魏军了。原先叛逃的魏将见来了救兵，立刻又杀了回来，把被诸葛亮夺走的地盘抢了回去。

第一次北伐就这样彻底失败了。

这下该如何是好？

诸葛亮含泪斩马谡

街亭丢了,马谡怕受军法处置,丢下剩下的部队躲了起来。诸葛亮派人找了半天,才把他找着。

不听军令打了败仗,还擅自逃跑,诸葛亮气得不行,把马谡关进监狱,要将他按军法处死。

蒋琬知道这两人一向情如父子,便劝他说:"现在天下未定,处死马谡这样的人才,未免有点可惜啊!"

诸葛亮流着泪说:"当年孙武能够天下无敌,就是因为他军纪严明。正是因为天下还没定,如果我自己徇私枉法,以后还怎么带着大家去讨伐曹魏,兴复汉室?"

马谡也知道,自己犯了军规,这一回是死定了,就在监狱里给诸葛亮写了一封信:"丞相大人,平时您对我就像对自己的亲生儿子一样,我也一直将您当作父亲看。只求我死后,您能好好对待我的儿子,那我就没什么牵挂了。"

诸葛亮同意了。他心里那个难过呀,可还是一边哭,一边命人把马谡砍了。十万大军看到丞相这样难过,也都跟着掉眼泪。

杀了马谡,诸葛亮又主动向刘禅提出:"这次街亭失守,主要是臣用人不当,请将我连降三级。"

刘禅知道,诸葛亮这是想让大伙儿知道,有错必须受罚,就把他贬为右将军,但还是让他继续执掌丞相的职权。其他有关的人也革职的革职,砍头的砍头,受到了相应的处罚。

龙虎风云

该罚的罚了，该奖的当然也要奖励。表现最好的是王平，诸葛亮将他提拔为将军，顶替了马谡的职务；其次是赵云，他虽然在箕谷之战中打了败仗，却亲自断后，保全了整个军队和辎重。

可赵云不要奖励，他说："我打了败仗，还有什么脸拿赏赐？请把这些财物先放进库房，等有人立了功再赏赐吧！"

看着忠心耿耿的老将军，诸葛亮心想，要是当初派赵云去守街亭就好了。可惜，过了不久，赵老将军也去世了。

> 不杀你难以服众啊！

八卦驿站

诸葛亮大唱空城计，智退司马懿

据说街亭失守后，司马懿率领十五万大军，气势汹汹地向诸葛亮所在的西城扑来。

当时，西城除了一群文官外，没有任何武将，仅有的五千士兵，也有一半运粮食去了。众人都吓得面如土色，不知如何是好。

诸葛亮却不慌不忙，先是让士兵把城墙上的所有旌（jīng）旗都收起来，然后打开城门，派几十个士兵穿上老百姓的衣服，在城里洒水扫地，自己却带着两个小书童走上城楼，自顾自地弹起琴来。

城里的士兵和百姓都惴（zhuì）惴不安，不知道丞相玩的什么花样。

再说司马懿率军来到城下，见城楼上没有旗帜，也没有士兵，只有诸葛亮在那神色自若地弹着琴，而四扇城门却大开着，城里的百姓只顾低头扫地，丝毫没有大敌当前的紧张样子，便不由起了疑心："诸葛亮一向狡猾，莫非这是他的诱敌之计？"

正犹豫着要不要进去，只听"崩"的一声，一根琴弦断了，司马懿吓了一大跳，以为这是诸葛亮出兵的暗号，吓得赶紧带兵撤退了。诸葛亮这才带着军队顺利地撤离西城。

听了这个故事，你是不是为诸葛亮的"空城计"拍手叫好呢？其实，这只是民间的一则传闻。事实上，这次战争司马懿根本就没有参与哟！

嘻哈乐园

XIHA LEYUAN

百姓茶馆
BAIXING CHAGUAN

子午谷之争

蜀兵甲：你们知道吗？北伐前，魏延要效仿韩信，带一万精兵，从子午谷方向扑向长安。他还说那镇守长安的夏侯楙（mào）胆小如鼠，自己带兵先杀过去，准能把这胆小鬼吓跑。等我们主力一到，定能把关中收拾得服服帖帖。我觉得这个方案不错啊！可惜丞相说这太冒险，说什么也不同意！

蜀兵乙：打仗哪有不冒险的？魏延对关中一带十分了解，他能提出这个方案，肯定是胸有成竹。丞相做事就是太谨慎了，这打仗的是人家魏延，又不是他，人家都不怕，他怕什么呢？

蜀兵丙：不怕一万，就怕万一。万一魏延的兵出不了子午谷呢？万一夏侯楙不逃跑呢？万一主力到不了长安呢？只要其中任何一点出了差错，这一万精兵就会丢了性命！

蜀兵丁：没错，这事太冒险了！就算魏延舍得死，丞相也舍不得他死，更舍不得那一万精兵跟着送命啊！这事啊，没什么好争的！谁官大听谁的！

从此，每次北伐，魏延都要向诸葛亮"老调重弹"，而诸葛亮每次都会拒绝。

名人来了

MINGREN LAI LE

越越（简称越）大嘴记者

诸葛亮（简称亮）特约嘉宾

嘉宾简介： 曾经的蜀汉丞相，现降为右将军。蜀汉立国以来，他一直以兴复汉室为己任，却在首次北伐中，因为用人不当，造成了不可挽回的损失。为此，在很长一段时间里，他都处于深深的自责当中。

越：恭喜丞相，贺喜丞相。
亮：（尴尬）我已经不是丞相了。再说，北伐失败，何喜之有？

越：首先恭喜丞相收了姜维这么个好徒弟啊！
亮：维儿确实是个难得的军事人才，能得他一起打天下，确实值得一贺。

越：然后呢，就是恭喜丞相得了个大胖小子！
亮：哦，还有这事，我都差点忘了。不过，这事没什么可贺的。我已经有了乔儿，虽然是我哥过继给我的，但我一直把他当亲生儿子看待。

越：我怎么听说，您待这儿子挺严格的呢？就连这次北伐也带着他。
亮：我这是希望他能去前线锻炼锻炼，长长见识。

越：那倒也是，跟在您身边，肯定能学到不少东西。那马谡天天跟着您，也不知怎么学的……
亮：唉，我这才好一点，你又来招我（流泪）！

越：丞相既然这么舍不得他，为什么一定要处死他呢？胜败乃兵家常事，打了败仗就一定要杀头吗？
亮：他只是打了败仗吗？他还违抗军令，畏罪潜逃！如果这都不用治罪，以后谁还将军令当作

111

名人来了

一回事？！

越：其实他自己也很后悔……
亮：世上如果有后悔药吃，还要律令干什么！违反军令者，一律斩无赦！

越：要是让赵云老将军去守街亭就好了，赵老将军虽然年纪大了，守住街亭还是没问题的。
亮：别说赵云了，就是王平也比他强啊！唉，这都是我的错，都是我的错啊！我看他立功心切，身边又没有其他合适的人，就想让他试试看，没想到结果会这样！

越：也怨不得您。这几年，蜀国能拿得出手的大将确实越来越少。马谡在这些人中，还算表现不错的。
亮：不是，不是，主要还是我用错了人。军队用错了统帅，就算有百万雄师，也没有用啊！

越：丞相您就别太自责了。胜败乃兵家常事，哪个统帅没打过败仗啊！曹操打过，孙权打过，刘备也打过。

亮：我不是怕打败仗，我是怕死人。无论是谁死，那都是我诸葛亮的过错。

越：那咱们别打仗了呗！
亮：那不行。光复汉室，是先帝的遗愿，也是我诸葛亮一辈子的心愿。

越：……
亮：小记者，咱们也算老朋友了，以后我有什么问题，你就直接跟我说。要是身边的人都这样，北伐大业才有可能成功。

越：我尽力吧。对了，这次出兵，你们的盟友东吴帮忙没有？
亮：我们现在这关系，他们怎么好意思待在一边看热闹！他们这次用诈降之术，把曹魏的大司马曹休活活气死啦！

越：哈哈，还有这事。
亮：嗯，如果我们和东吴长久这样配合下去，我相信北伐成功指日可待！

越：那我就祝丞相早日旗开得胜吧！

广告小铺

征弓弩兵

为提高军队战斗力，丞相发明了一种新的连弩（人称"诸葛连弩"），一次能连续发射多支箭，威力超大。因为它体积和重量较大，一般士兵难以使用。如果你年满十八，身强力壮，能拉得动这种弓弩，欢迎前来应征。

蜀汉征兵处

出售《出师表》

本店现在有少量诸葛丞相的《出师表》出售，欢迎前来购买。

温馨提醒：数量有限，先到先得哟。

巴蜀书屋

告益州百姓书

益州的百姓听着，刘备、诸葛亮等人背恩负义，煽动你们与朝廷作对，罪不可恕！尤其是诸葛亮，表面是个忠臣，实际对内独揽大权，架空刘氏兄弟；对外虐待百姓，残害少数民族，是个不折不扣的小人！

朝廷本来没把他当回事，也不想发起战争，涂炭生灵。但他却不知天高地厚，公然向朝廷叫板。

现在，马谡的下场你们已经看到了！只要你们停下反抗，不再受诸葛亮指使，从前种种，朝廷一律不予追究。

魏明帝 曹叡

第11期

公元228年——公元231年

再度北伐

诸葛亮篇

穿越必读 CHUANYUE BIDU

继第一次北伐失败后，诸葛亮又接连发动了三次北伐，获得的成果一次比一次大，这大大激发了诸葛亮北伐的积极性。然而，在后面的北伐中，诸葛亮却遇上了有生以来最"窝囊"也最强硬的对手……

顺风快讯
SHUNFENG KUAIXUN

十万人攻不下一个小城
——来自蜀国的特别快报

（本报讯）第一次北伐失败了，大家都非常沮丧。这时，东吴那边却传来一个好消息——孙权在江淮一带打了大胜仗！为了收拾孙权，魏明帝从关中调走了不少兵力。

诸葛亮知道后，振奋不已。蜀汉建兴六年（228年）冬天，诸葛亮率领数万大军开始第二次北伐。这次，他决定拿魏军的军事重地——陈仓（今陕西省宝鸡市）练练手。

陈仓地方不大，驻守兵力才一千多人，诸葛亮原以为不费吹灰之力，就能把这个地方一举拿下。谁知，负责镇守的魏将郝昭是个狠角色，无论诸葛亮出什么招，他都一一破解。蜀军没日没夜地一连攻了二十多天，却始终未能进陈仓一步。

眼看蜀军的粮草快要用光了，魏国的援兵却源源不断地向陈仓涌来，诸葛亮劝降不成，只好领兵自行退去了。

来自蜀国的特别快报！

快马传书

不知好歹的诸葛亮

编辑老师：

　　你好！我是李严。先帝去世时任命我和诸葛亮同为托孤大臣，共同辅佐当今皇上。论理，我和他地位相当，可实际上我却处处都要看他的眼色行事，憋屈得很。

　　就说今年春天吧，他带着军队进行第三次北伐，成功地占领了魏国的两个郡。皇上一高兴恢复了他的丞相职务。

　　我为了讨好他，就跟他说，他立了这么大的功劳，应该称王、进九锡（中国古代皇帝赐给诸侯、大臣等有殊勋者的九种礼器，是最高礼遇的表示）。

　　可他却说，现在曹贼未灭，怎么能光想着自己加官晋爵呢！真到了统一天下的那天，别说九锡了，十锡他都能接受。

　　你说，这诸葛亮是不是太不知好歹了！

　　　　　　　　　　　　　　　　　　　　李严

李严大人：

　　你好！没错，以诸葛亮现在的地位，像曹操那样，进九锡也未尝不可。只可惜，诸葛亮和曹操不同，他关心的不是自己一个人的荣华富贵，而是整个天下。

　　你说诸葛亮不知好歹，那请你扪心自问，你鼓动诸葛亮称王，真的是出于一番"好意"吗？不是为了让自己升官，也不是为了陷诸葛亮于不义？

　　无论你是出于哪种目的，诸葛亮都不会上这个当的。我劝你，与其成天想着与丞相要大官，争大权，还不如好好操心一下国事，为丞相分一下忧吧！

编辑★芽芽
编辑部

孙权称帝，吴蜀欲平分曹魏

蜀汉建兴七年（229年）四月，孙权在武昌（今湖北鄂州）正式称帝，定国号为吴。这样一来，天下就有了魏、蜀、吴三个国家。

消息传到蜀汉，朝中群臣都很不高兴：这不是对我们赤裸裸的挑衅吗？纷纷表示要和东吴断交。

只有诸葛亮明白，现在还不是和孙权闹崩的时候，他写了一篇文章，劝解大家说："孙权早就想当皇帝了，我们一忍再忍，是因为想利用他对抗曹魏！如果现在和东吴交恶，我们就必须先搞定东吴，再来考虑北伐中原的事情。可孙权兵多将广，东吴上下一心，并不是一朝一夕可以打败的。若我们两家打仗，岂不白白便宜了魏国？

"但如果我们继续和东吴结盟，我们发兵征讨魏国，孙权就会跟着出兵，趁机争夺魏国的土地，扩张自己的势力，绝不会按兵不动。

"就算他们按兵不动，只要还是我们的盟友，我们的北伐就没有东顾之忧，魏国也不会把军队全部调过来对付我们，这就是对我们最大的支持。大家千万不要为了逞匹夫之勇坏了我们的大计啊！"

大家听了诸葛亮的话，这才渐渐冷静下来。

随后，诸葛亮派人向孙权表示了热烈的祝贺。双方在愉快和谐的气氛中，达成友好协议：一旦双方联手消灭魏国，就将魏国的九个州一分为二；当一方受到敌国攻击时，另一方有义务出兵相助。

蜀吴联盟得到了进一步加强。

百姓茶馆
BAIXING CHAGUAN

真是一场及时雨啊

哎呀，听说魏国的大司马带兵去攻打蜀国了。诸葛亮紧张得不得了，前天还派人火急火燎地通知我们，让我们准备帮忙呢！

东吴的张大爷

哈哈，孙权不用来啦！那曹真运气太差。他的军队刚进入秦岭，天上就稀里哗啦地下起了倾盆大雨，一连下了三十多天。山里的路又陡又滑，连粮草运输都得靠人扛，将士们吃不好，睡不好，跟着曹真这样走了一个多月，连一半的路都没走完呢！这可真是一场及时雨啊！

蜀兵李二柱

可不是，魏国的大臣听说这事，把曹真骂了个狗血淋头：都这样子了，再继续往前走，不是去给诸葛亮送人头吗？他们皇帝一听，吓得要死，赶紧下诏让曹真带兵回去了。

侍卫小八

曹真一撤退，诸葛丞相就让魏延带兵去攻打西边的凉州，把魏军打得是人仰马翻。据说曹真因为这次栽了个大跟头，心情很不好，不久就一病不起，没多久就去世了。

私塾张先生

龙虎风云

LONGHU FENGYUN

诸葛亮碰上个"缩头乌龟"

蜀汉建兴九年（231年）二月，诸葛亮第四次发起了对曹魏的进攻，再次包围了祁山。曹睿于是派大将军司马懿前去支援。

奇怪的是，司马懿进攻几次后，便躲在营帐里，当起了缩头乌龟，无论蜀军怎么挑战，死活都不出战。

诸葛亮见他这样，便假意撤军。没想到，他挪一步，司马懿就跟着挪一步；挪两步，司马懿就跟着挪两步……像个贴身丫鬟似的，但就是不打！

这下，不光蜀军受不了了，连魏军也看不过眼了，纷纷讥笑他："大人看见蜀军就像见到老虎一般，不怕被天下人耻笑吗？"

司马懿被大家吵得头昏脑涨，只好向蜀军宣战——这也是司马懿第一次正式和诸葛亮交手，结果被蜀军斩杀三千人，大败而归。

将军还不出战？更待何时？

龙虎风云
LONGHU FENGYUN

还打不打？

不打了，不打了！

我服了！

    这下，司马懿就更有理由不出战了。那些嚷着要跟诸葛亮对战的将士，也都乖乖地跟着当起了缩头乌龟。

    司马懿不出战，诸葛亮急得团团转。偏偏这时，天上下起了雨，负责运输粮食的李严派人向诸葛亮说，运输粮食的队伍来不了，皇上要他班师回朝。

    没有粮食，还打什么仗呢？诸葛亮没办法，只好退兵。

    司马懿见蜀军撤退，以为诸葛亮要跑，立即令张郃带兵去追。

    张郃不同意："都说'穷寇莫追'，追急了，他会回过头咬我们一口。"

    司马懿不听："现在不追，以后我怎么在皇帝面前抬起头来啊！"

    张郃没办法，只好硬着头皮追上去，结果中了诸葛亮的埋伏，死在蜀军的乱箭之下。

    司马懿吓得魂飞魄散，只好眼睁睁地看着蜀军一路敲锣打鼓，欢天喜地地回去了。

嘻哈乐园
XIHA LEYUAN

名人来了
MINGREN LAI LE

越越（简称越）大嘴记者

诸葛亮（简称亮）特约嘉宾

嘉宾简介：蜀汉丞相。他是一流的政治家，也是杰出的军事家。尽管在北伐中，他一次又一次地遭遇挫折，却从不轻言放弃。这种坚定不移、顽强到底的精神，也许就是他成功的秘密吧。

越：丞相，听说这次北伐是皇上不让你打了？

亮：其实根本没有这回事，是李严在后面搞鬼。

越：他为什么要搞鬼啊？

亮：他担心下雨粮食运不过去，会受军法处置，就一面骗我说是皇上让我撤军，一面骗皇上说，我是假装撤军。

越：啊，居然把皇上和您耍得团团转？这胆子也太大了点吧！光假传圣旨就可以让他死一百回了！

亮：唉，我念在他是托孤大臣的分儿上，只是联合众人上书，让皇上把他贬为庶人了。

越：噢，那他的儿子李丰呢？

亮：这事跟李丰没关系，我还是照用不误。

越：佩服，佩服，像您这样执法公允的人，自秦汉以来，都没有过呢！

亮：咳咳，小记者过奖了！咳咳……（咳出一口血）

越：（大惊）丞相，您身体都这样了，就别北伐了吧！

亮：不行，我不打他们，他们也会来打我们。与其坐以待毙，不如主动出击。

名人来了

越：可是，蜀国充其量只是一个州，能打得过魏国吗？

亮：（沉思良久）……这天下之事，是变化多端难以预料的。当年曹操以为自己就要统一天下了，却在赤壁一战中，被我们联盟打败。可转眼间，联盟破裂，先帝兵败，曹丕篡汉，大家的命运又发生了翻天覆地的变化。现在，我能做到的，只能是"鞠躬尽瘁，死而后已"（出自《后出师表》）。至于谁是最后的胜利者，就不是我能算出来的了。

越：那不是很危险吗？

亮：高祖皇帝刘邦有萧何、韩信、张良帮忙，都还是几经生死，才打下江山。以我孔明的水平，怎么可能指望不冒险就能打败曹贼收复大汉江山呢？

越：可这样年年北伐，老百姓的负担会很重的啊！

亮：我已经在尽量减少用兵了。全国常备兵员不超过八万人，保证有足够的人耕田种地。

越：噢，没有对大家征收苛捐杂税吗？

亮：苛捐杂税历来最让百姓反感，我可不干这事。

越：噢，怪不得您的治理虽然严格，但老百姓一个个都心悦诚服、口无怨言呢。

亮：你是怎么知道的？

越：我专门作了个统计，这些年来，曹魏发生的动乱有24次，孙吴有23次，蜀汉却只有1次。这不就说明大家都很拥护您吗？

亮：听你这么说，我这身体好了一大半！

越：大家都说，现在的蜀国是三国中治理得最有条理的一个国家呢！还请丞相为了蜀汉子民，多养身体少北伐！

亮：不行，不行，马上又要北伐了，我要搞训练去！下次见！

越：（小声嘀咕）唉，估计下次见不成了！

123

广告小铺

军人必备的枕边书

你想成为一名出类拔萃的将领吗？

《将苑》（又称《武侯心书》《新书》等）是诸葛丞相根据自己的实践经验，倾注大量心血写下的一本军事著作，也是军人的枕边必备书。本书存货不多，欢迎大家前来订购！

成都书屋

"八阵图"学习班开课了

两军交战时，敌情、地形以及天气等，往往容易发生变化。

为了应对这些变化，丞相创造了一种"八阵图"。学会这八种阵法，将会对我们的北伐大有帮助。请各位将军明天申时（下午三点到五点）前来我处学习班学习。

蜀军宣传处

继续轮休

自出兵以来，我们的军队一直实行轮休制度——五分之四的人员留在军队，五分之一的人员放假回家，大家轮流休假。

最近因为前线缺人，有人建议停止轮休，这让军中将士深感不安。我认为，率兵打仗的人，要以信用为本。马上要轮休的人，早已整顿好行装，准备回家。他们的妻子儿女也在掐着指头数日子，盼望着他们归来。即使我们前线很缺人，我们也不能放弃对大家的承诺。请大家放宽心，轮休制度还是像以前一样执行，大家该回家的赶紧准备准备回家吧！

诸葛亮

第12期

公元232年—公元264年

出师未捷

诸葛亮篇

穿越必读 CHUANYUE BIDU

诸葛亮去世后，蜀汉、东吴以及曹魏，都开始走下坡路。最终，魏国的司马家族（司马懿及其后代）逐步掌握了政权，统一了天下。曾经叱咤风云的三国先后灭亡，唯有诸葛亮鞠躬尽瘁的精神，永远存留在人们心间。

顺风快讯
SHUNFENG KUAIXUN

攒点粮食再打仗
——来自蜀汉的特别快报

（本报讯）接连几次北伐失败，都是因为粮食不够，诸葛亮琢磨了一下，这仗暂时还是不能打了，先攒两三年粮食再说吧。

他把临时征集来的农民全部放回家去，号召大家把各地的空地、闲田开垦出来，用来耕种；留在部队的士兵则组织军屯，不练兵的时候就干农活，没几年，粮食的产量就上来了。

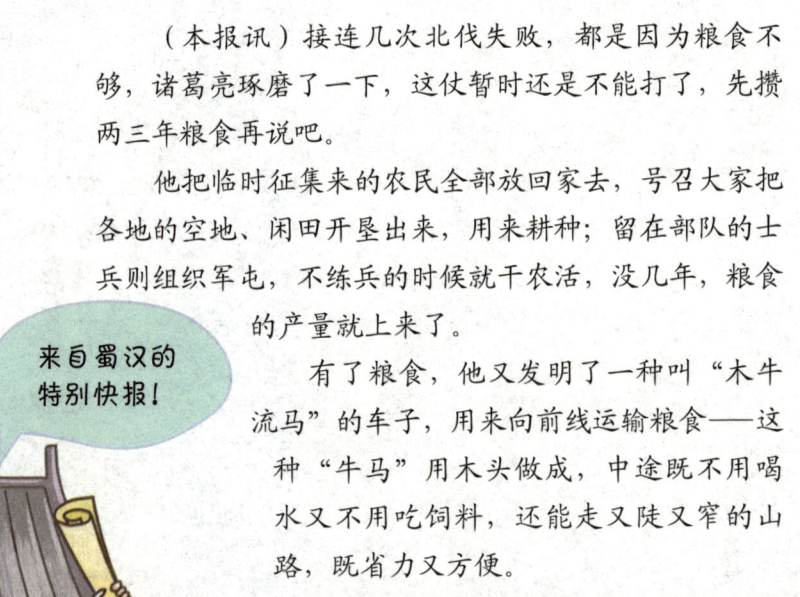

有了粮食，他又发明了一种叫"木牛流马"的车子，用来向前线运输粮食——这种"牛马"用木头做成，中途既不用喝水又不用吃饲料，还能走又陡又窄的山路，既省力又方便。

经过三年的准备，蜀汉的粮仓堆满了粮食，军队的实力也大大增强。大家都说，有这样坚实的经济后盾，下次北伐一定能成功！

不过，据记者调查，诸葛亮忙活的时候，魏国的司马懿也没闲着，双方都在为下一场战争做最后的准备。不用说，一场大战又要开始了！

> 来自蜀汉的特别快报！

嘻哈乐园
XIHA LEYUAN

127

奇闻!
诸葛亮竟送司马懿一套女装

蜀汉建兴十二年（234年）春天，诸葛亮带着十万大军，再次北伐。跟他对阵的是他的老对头——司马懿。

司马懿吃过诸葛亮的亏，这次还是继续他的老办法——不管蜀军怎么挑衅，就是不打！

可这样耗着也不是办法啊！诸葛亮于是分出一部分士兵开荒种地。士兵们按照诸葛亮的命令，老老实实地干活，从不侵扰百姓，也不乱拿百姓一针一线，老百姓对他们赞不绝口。

对峙一百多天后，诸葛亮派人给司马懿送去一套女装。

据说，这套女装不管是花色还是材质，都

龙虎风云

十分精美，款式也很时髦。可是，这也太荒唐了吧！诸葛亮不送刀子不送毒药，怎么偏偏送了一套女装呢？

其实呀，诸葛亮的意思是说："司马懿你这个缩头乌龟，既然不敢应战，就乖乖地躲在家里做你的'闺房大小姐'吧。"

司马懿收到女装后，知道这是诸葛亮的激将法，不气也不恼。可士兵们却按捺不住了，叫着嚷着要找蜀军拼命。

司马懿只好说："好好好，我这就给皇上上奏章，请求出战。"

奏章千里迢迢地呈上去后，魏明帝大笔一挥："不准！"又叫人给送了回来。

魏军很失望，蜀军更失望。蜀军本来满心期待地等着魏军迎战，结果是白盼望了一场。

只有诸葛亮明白司马懿的鬼把戏，他说："将军在外打仗，哪有千里迢迢去向皇上请战的道理，司马懿这是做给士兵们看的。"

诸葛亮在揣测司马懿的时候，司马懿也在打探诸葛亮的消息。一次，诸葛亮又派人去司马懿的大营挑战，司马懿热情地招待了使者，还跟他拉家常："你们丞相最近怎么样啊？"

使者没防备，就老老实实地回答说："我们丞相每天忙得很，什么事都要他操劳，最近胃口不怎么好。"

使者走后，司马懿高兴地对身边人说："诸葛亮成天超负荷做事，又吃不了多少东西，我看他活不长啦。"于是，司马懿决定继续拖下去，直到拖垮诸葛亮为止。

巨星陨落五丈原

没多久，诸葛亮果真病倒了。

消息传到成都，刘禅大惊失色，连忙派官员李福到五丈原探望。这时，诸葛亮已经病得起不来了。李福问候了几句后，又急急忙忙往回赶。走了才两天，又急急忙忙地掉头回来了。

诸葛亮微微一笑，说："我知道你忘了什么，我死之后，就让蒋琬接替我管理国家大事吧。"

蒋琬之前只是一个小县令，曾经有一次因为喝醉酒不管公务，差点被刘备处死，是诸葛亮为他求情，说他是国家栋梁之材，其才干不止于治理一个百里的小县，这才保住了他。

李福不好意思地说："我确实忘了问这事。那蒋琬之后呢？"

诸葛亮想了一会儿，说："费祎（yī）吧！"费祎文武双全，是个优秀的外交家，很受诸葛亮器重。

李福又问："那费祎之后呢？"

诸葛亮就闭上眼睛，不再回答了。

建兴十二年（234年）八月二十八日，一代名相诸葛亮怀着他未竟的理想在五丈原溘（kè）然长逝，享年五十四岁。据说那天晚上，有一颗赤红色的流星从东北飞来，坠落在他的营帐中。人们都说，那是天神把他的英魂带走了……

诸葛亮死后，蜀军也撤了兵。司马懿带人去了五丈原，发现蜀军的营地一点儿也没乱，不禁感叹说："诸葛亮真是天下少有的奇才啊！"

快马传书

KUAIMA CHUAN SHU

到底是谁要造反?

编辑老师:

　　您好!我是魏延,也是这次北伐的前锋。出发前,我做了一个梦,梦到自己头上长了两个角。给我解梦的大师说,这是吉兆,预示我们这一战一定可以打胜仗!

　　谁知,仗还没正式开打,丞相就死了。死了就死了吧,打仗死的人多了去了。而且,丞相死了,不还有我吗!当年丞相如果接受我的建议,北伐说不定早就成功了!可杨仪那帮人说丞相有遗命,要我们撤军,还命令我给大部队断后。

　　哼,他杨仪是个什么东西!我魏延怎能由他摆布!再说了,怎么能因一个人的死而荒废天下大事呢?杨仪这么做,分明是要造反,我一定不能让他的阴谋得逞!

魏延

魏将军:

　　您好!我知道您和杨仪一向水火不容,这些年若不是丞相和费祎从中调和,你们两个早就打起来了。

　　只是这次,您为了阻止杨仪撤军,居然跑在杨仪前面,把沿途的栈道都烧毁了!这就太过分了。

　　丞相生前最担心的就是十万大军如何平安撤回国内,现在他尸骨未寒,您这么做,不是要置蜀军主力于死地吗?

　　现在,不光是杨仪说您造反,就连蒋琬他们也要举兵讨伐您。我劝您还是快点向朝廷低头认错吧!若是被朝廷扣上"罪逆"之名,您就再难翻身了。

　　魏延的士兵知道内情后,纷纷倒戈。最后魏延兵败被杀。

诸葛亮的接班人

诸葛亮死后，刘禅任命蒋琬为大司马，处理国事。蒋琬也不负所望，认认真真地辅佐了刘禅十二年。

蒋琬为人大度，有人对他指指点点，说他办事不行，比诸葛亮差远了，他就笑着说："没错，我确实不如丞相。"

蒋琬死后，费祎成为蜀国的顶梁柱，他却不愿对魏国出兵。

姜维想北伐，费祎就劝他说："我们都不如丞相，丞相都做不到的事，更何况是我们呢？"

费祎死后，刘禅成天和宦官厮混在一起，军权落到了姜维手中。姜维继承诸葛亮的遗志，年年组织北伐，而且规模一次比一次大，却始终没有成功，最终遭到宦官的排挤和打击，不得已离开了成都。

公元263年，魏军神不知鬼不觉地杀到成都城下。姜维和将士们还在前方拼命杀敌呢，刘禅却叫人把自己反绑，领着文武百官向魏国投降。诸葛亮守护了半辈子的国家就这样灭亡了。

公元265年，司马懿的孙子司马炎取代曹魏，改国号为晋（史称西晋）。十五年后，西晋王朝消灭东吴，重新统一中国，老百姓终于迎来了盼望已久的和平。

百姓茶馆

BAIXING CHAGUAN

世间再无诸葛亮

某山民： 丞相为了蜀国鞠躬尽瘁，死而后已。他做了那么多年官，家里一点积蓄都没有，墓地小得只能够容纳一口棺材，一点陪葬的财物都没有。他活着的时候，我们不觉得他有多伟大，他死了，我们才明白，像他这样的人，千年难得遇上一个啊！

李严的仆人： 可不是，丞相死了，我家主人也跟着一病不起，说自己活着也没什么意思。因为他觉得，世上最理解他的人，就是丞相。丞相死了，就再也不会有人起用他了！唉，能让一个自己处罚过的人还这么牵挂自己，丞相确实很厉害啊！

廖立的书童： 唉，我家主人也是，虽然被丞相贬为平民，心里却从来没恨过他。丞相去世后，他整天郁郁寡欢，估计也活不长了。

某大臣： 大家不要伤心啦，诸葛亮死了，咱们蜀国就再也不用打仗了，这不是好事吗？大家应该庆贺才对。

皇上的侍卫： 你……你……你这说的什么混账话！小心皇上把你抓起来杀头！

名人来了

越越（简称越）大嘴记者

后主刘禅（简称禅）特约嘉宾

嘉宾简介： 蜀汉第二位皇帝，也是最后一位皇帝，现任西晋的安乐侯。一句"乐不思蜀"，人们将他称之为"扶不起的阿斗"，然而，他却是三国中在位时间最久的一位皇帝。

越：侯爷，您想念自己的家乡吗？
禅：我先人的坟墓都在那里，我怎么能不想呢？

越：呀，之前司马昭问您的时候，您可不是这么说的，您说的是，洛阳这么快活，您一点也不想念蜀国。
禅：我那不是为了迷惑司马昭，为了保命吗！其实，我好想念蜀国的山，蜀国的水，蜀国的姑娘……

越：那您想念诸葛丞相吗？
禅：（沉默半天）……唉，父皇死后，丞相就跟我的父亲一样。父亲死了，做儿子的能不想吗？

越：那丞相死后，各地百姓想给他立个庙祭奠祭奠，您为何不同意呢？
禅：不是我不同意。丞相不是帝王，为他立庙不合礼制。

越：古往今来，不合礼法的事情太多了，就单单多这一件？说实话，您是不是对丞相有意见？
禅：你是想听真话，还是想听假话？

越：当然是真话了！
禅：你知道我当皇帝的时候多大吗？

名人来了

越：好像是十七岁吧。
禅：十七岁，已经不小了吧！可丞相却总是把我当小孩看待，连皇宫都不让我出去。

越：啊，那您岂不闷坏了？
禅：这还不算什么，更过分的是，他大事小事都攥在自己手心里，我连手都插不上！

越：看来您对丞相意见还挺大的。
禅：（摆手）意见归意见，丞相对蜀国是鞠躬尽瘁死而后已，就连他的儿子诸葛瞻和他的孙子也都战死沙场了，像这样的忠臣是少之又少，我心里还是很感激他的。

越：话说回来，论才智，诸葛瞻拍马也赶不上丞相，倒是他哥哥的儿子诸葛恪和丞相有得一拼。
禅：算了吧，诸葛恪那种只是小聪明，比起丞相的大智慧差远了。比如，同样是北伐失败，丞相能做到主动承担责任，赏罚分明；而诸葛恪呢，不但不以身作则，反而拿其他官员开刀，结果给自己树了不少敌人，最后沦落到被人抛尸乱坟岗的下场。

越：确实，以丞相的大智慧，要是他还活着，蜀国是绝对不会投降的！
禅：你以为我想投降吗？我是不想让将士们白白送死啊！你看看，这些年，姜维北伐了多少次？赢了多少次？死了多少人？

越：您是在怪姜维吗？
禅：我不怪他，谁都不怪！要怪就怪我们蜀国国运不好！没有兴复汉室的命！

越：所以，您早就做好了亡国的打算？
禅：可以这么说吧。什么都不如活着好！

越：……也许吧。那祝您身体健康，长命百岁！

广告小铺

寻求同伴

诸葛丞相的忌辰就要到了，我很想到定军山下去悄悄祭奠一下他老人家，有想和我一起去的，请与我联系。

注意，千万不要让朝廷知道了。

阿呆

遗书

我家在成都有八百株桑树，薄田十五顷。家中子女有衣穿，有饭吃，日子过得已经很宽裕了。我在外领兵打仗，吃的、穿的、用的都由国家供给，没有别的开销，钱已经够用了。

我死后，家中不要留有一分多余的财产，以免辜负陛下对我的恩情！

诸葛亮

出售诸葛丞相亲笔名言

《诫子书》是诸葛丞相临死前写给儿子的家书，其中"静以修身，俭以养德"以及"非淡泊无以明志，非宁静无以致远"两句深切地表达了一个父亲对儿子的最大期许，读来令人动容。

本斋已将这两句写成书法，装裱起来，可以将其作为礼物送给自己的亲人和朋友。欢迎各位前来购买。

墨香斋

智者为王
ZHIZHE WEI WANG

智者无敌　王者为大　第4关

1. 在第一次北伐中，诸葛亮收的好徒弟是谁？
2. 马谡是因为什么失去了街亭？
3. 在北伐之前，诸葛亮想策反魏国哪位大将？
4. 曹丕去世后，诸葛亮立刻发动了北伐吗？
5. 历史上到底有没有"空城计"一事？
6. "子午谷奇谋"是谁提出来的？
7. "鞠躬尽瘁，死而后已"出自诸葛亮的哪篇文章？
8. 孙权称帝是在刘备称帝后的第几年？
9. 孙权称帝意味着什么？
10. 诸葛亮的丞相一职是在第几次北伐后恢复的？
11. "陈仓"是现在陕西省的哪个城市？
12. 诸葛亮之后，蜀国的一把手是谁？
13. 继续诸葛亮北伐大业的是谁？
14. 诸葛亮死后，蜀国坚持了多少年才灭亡？
15. 三国之后，实现天下一统的是哪个王朝？

智者为王答案

第❶关答案

1. 约三周岁（虚岁四岁）。
2. 汉献帝刘协。
3. 山东省临沂市沂南县。
4. 州牧。
5. 诸葛瑾和继母。
6. 袁术。
7. 江西省南昌市。
8. 洛阳。
9. 管仲和乐毅。
10. 都是指司马徽。
11. 庞德公。
12. 官渡之战。
13. 出自刘备。意思像鱼儿得到了水，比喻自己得到跟自己投合的人或环境。
14. 三次。
15. 他的弟弟孙权。

第❷关答案

1. 刘琮。
2. 上屋抽梯。
3. 孙坚。
4. 当阳。
5. 徐庶。
6. 孙权。
7. 湖北省。
8. 军师中郎将。
9. 张昭。
10. 不是。周瑜是受了箭伤，不治而亡。
11. 法正和张松。
12. 张飞和赵云。
13. 越南。
14. 盐和铁。
15. 《蜀科》。

第3关答案

1. 湘水。
2. 汉中之战。
3. 孙权。
4. 刘封。
5. 公元220年。
6. 费诗。
7. 陆逊。
8. 白帝城。
9. 黄元。
10. 张裔。
11. 邓芝。
12. 蜀锦。
13. 孟获。
14. 无当飞军。
15. 堰官。

第4关答案

1. 姜维。
2. 违抗军令,将军队驻扎在山上,结果被魏军切断水源,打了败仗。
3. 孟达。
4. 不是,是一年后。
5. 没有。
6. 魏延。
7. 《后出师表》。
8. 第八年,即229年。
9. 意味着三国鼎立的局面正式形成。
10. 第三次。
11. 宝鸡市。
12. 蒋琬。
13. 姜维。
14. 二十九年。
15. 西晋。

诸葛亮生平大事年表

时间	年龄	大事记
光和四年（181年）	一岁	在琅琊国阳都县出生。
建安二年(197年)	十七岁	诸葛亮和弟弟在隆中边种地边读书。
建安十二年（207年）	二十七岁	刘备三顾茅庐，诸葛亮献"隆中对"。
建安十三年（208年）	二十八岁	出使东吴促成孙刘联盟，在赤壁大败曹操。
建安十八年（213年）	三十三岁	刘备攻打益州，诸葛亮与张飞、赵云分兵进川。
建安十九年（214年）	三十四岁	刘备占领益州，诸葛亮主管川中内政。
建安二十四年（219年）	三十九岁	刘备自称汉中王。孙权与曹操联合夺荆州，孙刘联盟破裂。
蜀汉章武元年(221年)	四十一岁	刘备称帝，建立蜀汉政权，诸葛亮任丞相。
蜀汉建兴元年（223年）	四十三岁	刘备去世，后主刘禅继位。诸葛亮被封武乡侯，领益州牧，开始务农殖谷，闭关息民；同时派邓芝出使东吴，恢复联盟。
蜀汉建兴三年(225年)	四十五岁	率军平定南中。
蜀汉建兴五年(227年)	四十七岁	上《出师表》，准备北伐。
蜀汉建兴六年（228年）	四十八岁	第一次北伐失败，自降三级。同年冬天第二次北伐，因粮尽退兵。
蜀汉建兴七年（229年）	四十九岁	第三次北伐攻占魏国两个郡，恢复丞相职位。同年孙权称帝，国号吴。诸葛亮派人前往祝贺。
蜀汉建兴九年(231年)	五十一岁	第四次北伐失败，不久将李严贬为平民。
蜀汉建兴十二年（234年）	五十四岁	第五次北伐，诸葛亮病死五丈原。